IRVING FISHER

100% Monnaie
La couverture
intégrale

*Changer de système monétaire pour sauver
le capitalisme*

OMNIA VERITAS

100% Money

Publié par Omnia Veritas Ltd

Traduit de l'anglais

OMNIA VERITAS

contact@omniaveritas.org

www.omnia-veritas.com

Préface

« Si tous les prêts bancaires étaient remboursés, il n'y aurait plus ni le moindre centime en dépôt en banque, ni la moindre pièce ou le moindre billet en circulation. […] l'absurdité tragique de notre impuissance est presque incroyable mais c'est bel et bien la réalité »

Robert Hemphill, dirigeant de la Federal
Reserve Bank d'Atlanta dans les années 30
en préface de la première édition de « 100% Money »

« Les mécanismes actuels du crédit reposent sur des bases en très grande partie irrationnelles, dont l'origine historique est tout à fait empirique, qui n'ont jamais cessé de se révéler très dommageables et qui n'ont jamais été pensés très sérieusement sauf par une minorité d'économistes, et cela aussi bien en France que dans les autres pays d'Europe occidentale et aux États-Unis. »

Maurice Allais, prix Nobel d'Economie, soutenant un plan de
couverture intégrale dans *« L'impôt sur le capital et la réforme
monétaire »* en 1977.

E t si notre système monétaire n'avait jamais été mûrement réfléchi ?

C'est peut-être en partant de cette question toute simple qu'il faudrait étudier le problème monétaire. L'opinion d'Irving Fisher en 1935, lors de l'écriture de 100% Money 6 ans après le début de la grande dépression, est claire : il n'a jamais été mûrement réfléchi par un quelconque décideur. Le système monétaire ayant cours à cette époque aux États-Unis et dans la majeure partie des pays industrialisés ne serait qu'une pure contingence de l'histoire modelée au cours des siècles par l'appât du gain des banquiers. Il serait « le maillon faible » de notre système économique et la cause principale des épisodes récurrents de boom et de dépression dont souffrent les économies capitalistes depuis des siècles.

Ce qui est inquiétant, c'est que notre système monétaire n'a en réalité que très peu changé depuis 1935. Il pourrait sembler étonnant de vouloir réfléchir au problème monétaire actuel en étudiant le système monétaire américain des années 30 avec tous ses archaïsmes. Pourtant, dans le fond, en 1935, si l'on excepte les règlements internationaux, il fonctionnait presque de la même façon que le système monétaire américain ou de la zone euro d'aujourd'hui : banque centrale indépendante, taux directeur, opération d'Open Market, réserves fractionnaires, espèce et argent sur compte bancaire, création et destruction de monnaie par les banques.

Ce qui est également inquiétant, c'est qu'Irving Fisher est un des économistes les plus célèbres et les plus reconnus de tous les temps. Ses théories sont enseignées dans les facultés d'économie du monde entier, tout particulièrement en ce qui concerne la théorie quantitative de la monnaie et celle du taux d'intérêt. Ses travaux les plus célèbres sont le fondement même de la grande majorité des politiques monétaires en cours actuellement dans le monde entier.

Mais ce qui est le plus inquiétant, c'est que le livre qui suit est aujourd'hui, pour des raisons mystérieuses, pratiquement inconnu de la très grande majorité des économistes et même des spécialistes en question monétaire, encore plus de nos hommes politiques.

Ainsi, celui qui est considéré par beaucoup comme le père de la pensée monétaire a très clairement écrit et clamé haut et fort que notre système monétaire institutionnel était intrinsèquement mauvais, mais cela est ignoré par presque tout le monde y compris la majeure partie des décideurs au sein des banques centrales. C'est un peu comme si Marx avait écrit un livre vers la fin de sa vie expliquant qu'il faudrait en réalité d'autres institutions pour que le communisme fonctionne bien, mais que presque personne n'ait aujourd'hui connaissance de ce livre.

Pour comprendre plus ou moins comment cela est possible, il faut retourner au contexte de l'écriture de ce livre. En 1935, Irving Fisher est un économiste qui a tout vécu, la gloire en devenant l'économiste le plus renommé des États-Unis dans les années 10 et 20, écouté à la fois par le grand public et dans les sphères politiques puis le discrédit suite à la crise de 1929 et cette phrase malheureuse « Le prix des actions semble avoir atteint un haut plateau permanent » quelques jours avant le fameux jeudi noir. Ruiné par de mauvais investissements, raillé par le grand public pour n'avoir absolument rien vu venir, Irving Fisher eut le mérite de remettre en cause l'ensemble de ses théories pour essayer de comprendre comment une telle catastrophe avait-elle pu arriver. Peu à peu, il redevint une des figures économiques les plus écoutés et fut par exemple l'un des principaux inspirateurs de la politique de « reflation » du président Roosevelt.

En 1932, Irving Fisher émet sa fameuse théorie de la

« dette-déflation » qui est relativement revenue sur les devants de la scène depuis le début de la crise financière et économique actuelle. Son analyse est cinglante pour le mouvement néo-classique dont il est aujourd'hui considéré, apparemment à tort, comme l'un des champions : « Dans les faits, il y a presque toujours surproduction ou sous-production, surconsommation ou sous-consommation, surdépense ou sous-dépense, surépargne ou sous-épargne, surinvestissement ou sous-investissement et sur et sous tout ce que l'on peut bien vouloir. Il est aussi absurde de supposer que, pendant un long laps de temps, les variables économiques puissent rester stables, en équilibre parfait que de supposer qu'il n'y aura plus jamais de vagues sur l'océan Atlantique ». A la racine de toutes les crises, il y aurait une cause commune : le surendettement. Or ce surendettement aurait une conséquence très fâcheuse au sein de notre système monétaire. Il serait impossible de voir un processus de désendettement au sein d'une économie de l'ensemble des agents sans voir une destruction des moyens de paiement. Ce processus sera expliqué très clairement dans l'ouvrage qui suit. La destruction des moyens de paiement est, comme nous le verrons, la catastrophe qui a ravagé l'économie américaine au début des années 30 et mis des dizaines de millions de travailleurs au chômage.

Ce n'est qu'en 1935, alors que se font sentir les premiers signes de rétablissement, qu'est édité 100% Money. Partant à peu près du même constat que dans sa théorie de la dette-déflation, il y dénonce les errements du système de réserves fractionnaires et propose un nouveau système monétaire qui permettrait à la fois de sortir de la crise et d'éviter de nouveaux cycles destructeurs de booms et de dépressions. La réforme est dans le fond extrêmement simple : les banques devraient avoir l'obligation de garder en réserves l'intégralité des fonds déposés chez elles sur des comptes courant et devraient seulement avoir le droit de prêter l'argent déposé sur compte épargne. Cela permettrait de mettre fin à la création et à la destruction de monnaie par les banques et de faire disparaitre le lien pervers et contingent entre monnaie et crédit. Cette réforme fit l'objet d'un débat important aux États-Unis et fut proposée plusieurs fois au Congrès américain à l'instigation d'Irving Fisher et de certains de ses soutiens mais refusée à chaque fois. Peu à peu oublié lors des années de forte croissance d'après guerre, ce projet refit surface lors des années de grande inflation des années 70 grâce au prix Nobel d'économie français Maurice Allais mais sans plus de succès.

Cette réforme paraitra étrange à beaucoup, tant il nous semble normal, logique voire naturel que les banques prêtent l'argent qu'on leur dépose sur compte courant. D'autres se demanderont comment un si petit changement pourrait avoir une grande incidence sur le fonctionnement de nos économies. Certains découvriront peut-être en lisant ces lignes que l'argent qu'ils ont déposé en banque a été prêté à d'autres et que la banque n'a l'obligation légale de n'en garder que 2% en réserve auprès de la Banque de France (si vous résidez en France).

Et pourtant, si les théories d'Irving Fisher s'avèrent correctes, les bienfaits d'un tel système pour nos économies seraient immenses. Ce livre a été écrit en direction à la fois des hommes politiques de son temps et du grand public. A cet effet, les explications sont aussi simples que possible, Irving Fisher n'hésitant pas à détailler certains mécanismes afin d'être compris par le plus grand nombre. Ce sera surement l'occasion pour nombre d'entre vous de découvrir le fonctionnement on ne peut plus étrange de notre système monétaire. Pour ceux déjà aux faits des questions monétaires, ce sera l'occasion de découvrir l'opinion déconcertante du plus célèbre spécialiste en question monétaire à propos de notre système actuel. Pour tous, ce sera l'occasion de découvrir un plan original pour sortir de la crise et prévenir l'arrivée d'autres crises, un plan allant enfin plus loin que l'exhortation devenue rituelle ces derniers temps à « plus de régulation ».

Cet ouvrage a, je pense, comme vertu de donner un éclairage différent à un grand nombre de question que pose la présente crise financière et économique et permettra, je l'espère, au lecteur de faire avancer sa propre réflexion à ce sujet.

La crise financière a démontré l'extrême fragilité du système financier mondial. La chute d'une seule banque d'investissement, Lehmann Brothers, faisant presque chavirer l'ensemble du secteur financier. Ainsi, les mauvais investissements d'une banque de taille relativement moyenne peuvent potentiellement détruire notre économie. Une couverture intégrale serait-elle un moyen de mettre fin à l'extrême fragilité du réseau financier mondial ?

Les niveaux d'endettement atteints dans la très grande majorité des pays industrialisés en ce qui concerne les ménages, les entreprises, les États ou encore le système financier, ont atteint des sommets historiques. En 1981, l'endettement global (prenant en compte tous les acteurs y compris financiers) des États-Unis était de 150% du PIB, il est aujourd'hui de 350% du PIB. En France, le constat est identique. L'endettement des agents non financiers est passé de 150% du PIB fin 2000 à près de 190% du PIB en mars 2009. Une des questions de fond de la crise actuelle est se savoir comment sortir de cet état de surendettement sans provoquer une grave déflation. Si les théories d'Irving Fisher énoncées dans ce livre sont correctes, le système de couverture intégrale serait une solution.

Nous sortons en réalité d'une période d'inflation extraordinaire. Certes les indices des prix à la consommation sont restés plutôt stables durant les dernières années et l'inflation « officielle » est restée très basse dans la zone euro et dans une moindre mesure aux États-Unis. Mais les prix des actifs (immobilier, actions, matières premières…) ont tout simplement explosé. L'évaluation du patrimoine des ménages français par l'Insee a cru de 125% entre 1995 et 2005, soit une véritable croissance à « la chinoise » totalement déconnecté des performances réelles de l'économie tout comme l'était la hausse des cours à Wall Street dans les années 20. Or une analyse économique correcte montre bien que sans une très forte croissance des moyens de paiement, les prix des actifs ne peuvent pas monter simultanément aussi fortement. Ce « boom » des actifs est-il en grande partie dû au pouvoir de création monétaire des banques ?

L'argent en circulation dans la Zone Euro entre 2000 et 2008 a tout simplement doublé. Ce sont 2000 milliards d'euro qui ont été créés en huit ans si l'on prend en compte seulement les espèces et les comptes courant. Comment a-t-on pu voire doubler en moins de 10 ans la masse monétaire et croire que cela n'aurait aucun impact ? A qui et à quels circuits cet argent a-t-il profité ? Si votre compte en banque n'a pas doublé lors des dix dernières années, vous êtes en droit de vous le demander. C'est une question démocratique de fond qui aujourd'hui est totalement occultée par l'opacité et la complexité apparente de notre système monétaire.

Le Japon lutte depuis plus de quinze ans tant bien que mal contre la déflation suite à l'explosion d'immenses bulles spéculatives au début des années 90 laissant ménages et entreprises surendettés. Depuis la crise asiatique de 98, ménages et entreprises liquident leurs dettes à grande vitesse provoquant ainsi de fortes tensions déflationnistes. L'État nippon a dû s'endetter hors de toute mesure pour contrer cette déflation. La dette publique japonaise est passée de 60% du PIB environ aux débuts des années 90 à plus de 190% aujourd'hui (en comparaison, l'endettement de l'État français était de 65% du PIB en 2007). C'est un exemple à ciel ouvert de dette-déflation combattue par l'endettement de l'État. Aujourd'hui ce ressort semble avoir atteint ses limites et l'économie japonaise apparait à bout de souffle pour bien des observateurs. Est-ce notre avenir à court et moyen terme si aucune mesure n'est prise ? Le présent ouvrage démontre magistralement le paradoxe absurde et tragique de notre système monétaire : un désendettement simultané des ménages, des entreprises, des institutions financières et de l'État est impossible sans subir une destruction de nos moyens de paiement, une grave déflation et une crise économique majeure. Face à une situation qui paraît à bien des égards sans issue, la réforme de couverture intégrale ouvre de nouvelles perspectives.

Première Partie

Premier Aperçu

Chapitre I

Une courte présentation

Introduction

Aux États-Unis, ainsi que dans quelques autres pays, la plupart de nos factures sont payées par chèque et non pas en espèces.

Quand une personne signe un chèque, elle paie avec ce qu'elle appelle « l'argent que j'ai a à la banque » comme l'indique son solde bancaire sur le talon de son chéquier. La somme de tous les soldes sur tous les talons de la nation, c'est-à-dire tous les dépôts sur compte chèque, ou ce que nous pensons habituellement être « l'argent » reposant en banque *pouvant servir à payer par chèque*, constitue le principal moyen de paiement aux États-Unis. Je propose d'appeler cela « l'argent sur compte chèque » à distinguer des espèces ou « argent dans les poches ». L'argent dans les poches est le plus classique des deux. Il est visible et tangible tandis que l'argent sur compte chèque ne l'est pas. Sa prétention à être de l'argent et de s'échanger comme si c'était de l'argent réel vient du fait qu'il « représente » de l'argent réel et peut être converti à la demande en de l'argent réel en « encaissant » un chèque.

Cependant, la principale différence entre l'argent sur compte chèque et l'argent dans les poches est que ce dernier est un argent au porteur, accepté par toutes les mains, tandis que l'argent sur compte chèque nécessite la permission spéciale du bénéficiaire pour être transféré.

En 1926, une année représentative avant la grande dépression, l'argent sur compte chèque détenu par les habitants des États-Unis s'élevait à 22 milliards de dollars selon une estimation, alors qu'en dehors des banques et du trésor des États-Unis, l'argent sonnant, l'argent physique et au porteur dans les poches des gens et dans les caisses des commerçants ne représentait que moins de 4 milliards de dollars. Ensemble, les moyens d'échange du pays dans les mains du public s'élevaient à 26 milliards de dollars, 4 milliards circulant de main en main et 22 milliards circulant par chèque.

Beaucoup de gens s'imaginent que l'argent sur compte chèque est vraiment de l'argent et repose réellement en banque. Cela est bien sûr loin d'être vrai.

Que peut bien être alors ce mystérieux argent sur compte chèque que nous appelons de façon trompeuse notre « argent en banque » ? C'est simplement *la promesse des banques de fournir* de l'argent à leur déposant à la demande. Pour couvrir les 22 milliards d'argent sur compte chèque en 1926, les banques détenaient seulement 3 milliards d'argent réel dans leurs coffres. Les 19 milliards restant représentaient d'autres actifs que de l'argent ; des actifs tels des titres de créance et des obligations d'État ou d'entreprise.

En temps ordinaire, comme par exemple en 1926, ces 3 milliards étaient suffisants pour permettre aux banques de satisfaire les demandes en argent sonnant des déposants. Mais si *tous* les déposants avaient demandé de l'argent sonnant au même moment, même si elles auraient pu rassembler un certain montant d'argent sonnant en vendant leurs autres actifs, les banques n'auraient pas pu avoir assez d'argent pour satisfaire ces demandes pour la simple raison qu'il n'y avait pas assez d'argent sonnant dans tout le pays pour rassembler ces 22 milliards. Et si tous les déposants avaient demandé de l'*or* au même moment, il n'y aurait pas eu assez d'or dans le monde entier.

Entre 1926 et 1929, le montant des moyens de paiement a légèrement augmenté pour passer approximativement de 26 à 27 milliards, 23 d'argent sur compte chèque et 4 d'argent dans les poches.

Par contre, entre 1929 et 1933, le montant d'argent sur compte chèque a décru pour atteindre 15 milliards ce qui, avec les 5 milliards d'argent véritable présents dans les caisses et les poches, représentait en tout 20 milliards de moyen de paiement au lieu de 27 en 1929. La hausse de 26 à 27, c'était de l'inflation. La chute de 27 à 20 était de la déflation.

Les épisodes de Boom et de dépression depuis 1926 sont en grande partie mis en lumière par ces trois chiffres, 26,27 et20 pour ces trois années 1926, 1929 et 1933.

Ces variations du volume monétaire furent en quelque sorte aggravées par l'évolution similaire de sa vélocité. En 1932 et 1933, par exemple, non seulement le volume d'argent en circulation était peu important mais sa circulation était lente. On peut même parler d'un phénomène répandu de thésaurisation.

Si on suppose que les montants d'argent en circulation pour 1929 et 1933 étaient respectivement 27 et 20 milliards et que chaque dollar ait changé respectivement de main 30 et 20 fois par année, la circulation totale seraient pour 1929, 27x30 = plus de 800 milliards de dollars et pour 1933, 20x20= 400 milliards de dollars.

Les principales variations de quantité de monnaie concernent les dépôts sur compte chèque. Les trois chiffres pour l'argent sur compte chèque sont comme nous l'avons dit 22, 23, 15 et pour l'argent dans les poches 4, 4, 5. L'effondrement de la quantité d'argent sur compte chèque, notre principal moyen de paiement dont nous avons tous besoin pour faire des affaires, passant de 23 à 15 milliards, soit une disparition de 8 milliards, a été un des faits essentiels de cette dépression.

Cette baisse de 8 milliards du montant total d'argent sur compte chèque de la nation s'oppose à l'augmentation de 1 milliard (i.e. de 4 à 5) d'argent dans les poches. Le public a retiré ce milliard d'argent sonnant des banques et les banques pour fournir ce milliard supplémentaire ont dû détruire 8 milliards de crédit.

Peu de gens ont réalisé cette perte ou destruction de 8 milliards d'argent sur compte chèque et ce fait n'a été que rarement mentionné. Si 8 miles tous les 23 miles de voies ferrées avaient été détruits, cela aurait fait les gros titres des journaux. Cependant, un tel désastre aurait eu peu d'importance comparé à la destruction de 8 milliards des 23 milliards de notre principal moyen de paiement. Cette destruction de 8 milliards de dollars de ce que le public considérait comme leur argent a été la grande catastrophe qui a entrainée les deux principales tragédies de la grande dépression, le chômage et les faillites.

Ainsi, Les gens ont été forcés à subir ce sacrifice alors que cet argent n'aurait pas disparu si le système 100% ou de réserves intégrales avait été en place. Et si cela avait été le cas, comme nous le verrons au chapitre VII, il n'y aurait pas eu de grande dépression.

Cette destruction d'argent sur compte chèque n'était pas quelque chose de naturelle et d'inévitable, cela était dû à un système défectueux.

Sous notre système actuel, les banques créent et détruisent de l'argent sur compte chèque en accordant ou en demandant le remboursement des prêts. Quand une banque m'accorde 1000$ de crédit et rajoute 1000$ à mon compte chèque, ces 1000$ « d'argent que j'ai à la banque » sont nouveaux. Ils ont été fraichement créés de toute pièce lorsque le prêt a été accordé et simplement ajoutés au talon de mon chéquier et aux livres de compte de la banque par un simple coup de stylo.

Comme nous l'avons précédemment indiqué, excepté sur ces écritures, cet « argent » n'a pas d'existence physique réelle. Quand plus tard, je rembourserai à la banque ces 1000$, je les retirerai de mon compte chèque et un montant équivalent de moyen de paiement sera détruit par un simple coup de stylo du talon de mon chéquier et des livres de compte de la banque. Ainsi, ils disparaissent simultanément.

Par conséquent, nos moyens de paiement nationaux sont à la merci des transactions de prêt de la banque, et nos milliers de banque de dépôts sur compte chèque sont, dans les faits, comparables à d'irresponsables émetteurs de monnaie privés.

Ce qui pose problème, c'est le fait que la banque ne prête pas de l'argent mais simplement une promesse de fournir de l'argent à la demande, de l'argent qu'elle ne possède pas. Les banques peuvent construire à partir de leurs maigres réserves en argent sonnant une pyramide inversée de tels « crédits » c'est-à-dire d'argent sur compte chèque, dont le volume peut être augmenté ou réduit.

Il est évident qu'un tel système, aux bases fragiles et au sommet imposant, est dangereux. Il est dangereux pour les déposants, pour les banques et avant tout pour les millions d'innocents que forme le peuple. En particulier, quand la quantité d'argent décroît, le public est privé d'une partie de ses moyens de paiement essentiels grâce auxquels les biens peuvent être échangés.

Il y a dans la pratique peu de différence entre permettre aux banques d'émettre cet argent sur compte chèque utilisé comme moyen de paiement que de leur permettre d'émettre de la monnaie papier comme elles le firent durant l'épisode des « Wild Cat Bank Notes ». Ces deux pratiques sont fondamentalement aussi mauvaises.

Les dépôts bancaires sont l'équivalent moderne des billets de banque. Cependant, les dépôts peuvent être créés et détruits de façon invisible alors que les billets de banque doivent être imprimés et brulés. Si 8 milliards de dollars de billet de banque avaient été brulés entre 1929 et 1933, cet événement n'aurait guère pu passer inaperçu.

Comme le système de compte chèque, ou d'argent sur compte chèque, fondé principalement sur les prêts, confiné originellement à quelques pays s'est désormais étendu au monde entier, tous ses périls ne peuvent qu'avoir cru. En conséquence, les futurs booms et dépressions risquent d'être encore pires que ceux du passé sauf si le système est changé.

Les dangers et défauts du système actuel seront discutés plus en détail dans les prochains chapitres. Seules quelques lignes suffisent à exposer brièvement le remède proposé.

La proposition

Donner le pouvoir au gouvernement, à travers une « Commission Monétaire » spécialement créée pour l'occasion, de *transformer en argent sonnant* suffisamment d'actifs de chaque banque commerciale pour que ses réserves atteignent 100% des dépôts sur compte chèque détenus. En d'autres termes, donner le pouvoir au gouvernement, à travers la Commission Monétaire, d'émettre cet argent et d'acheter avec celui-ci des obligations, titres de créance ou autres actifs détenus par les banques ou de prêter cet argent aux banques avec ces actifs comme garantie.[1] Alors, tout argent chèque serait couvert par de l'argent véritable, de l'argent dans les poches.

Cette nouvelle monnaie (Monnaie de la Commission ou United States Notes) permettrait à tous les comptes chèque d'avoir une couverture intégrale en argent sonnant dans les réserves des banques. Cette émission ni n'augmenterait ni me ferait décroître le montant total de moyen de paiement dans le pays. Une banque qui auparavant gardait 100,000,000$ de dépôt sur compte chèque devait détenir légalement des réserves minimum de 10,000,000$ d'argent sonnant (complétées par 90,000,000$ d'actifs non monétaires). Elle enverrait ces 90,000,000$ d'actifs non monétaires à la commission monétaire en échange de 90,000,000$ en argent sonnant, portant ainsi à 100,000,000$ ses réserves en argent sonnant, soit 100% des dépôts sur compte chèque.

Une fois cette substitution d'argent réel contre des actifs non monétaires terminée, les banques devraient maintenir *de façon permanente* des réserves en argent sonnant représentant 100% de leurs dépôts sur compte chèque. En d'autres termes, les dépôts sur compte chèque seraient réellement des dépôts, consistant en de l'argent sonnant détenu par la banque.

---

[1] En pratique, cela pourrait être en grande partie des « crédits » sur les comptes de la Commission tant que la Commission se tient prêt à fournir cet argent à la demande, car très peu d'argent tangible serait demandé aux banques, encore moins qu'aujourd'hui.

Ainsi, cette nouvelle monnaie serait *ligotée* aux réserves des banques par la nécessité légale de maintenir des réserves de 100%.

Le département gérant les comptes chèque de la banque deviendrait un simple entrepôt de stockage pour l'argent au porteur appartenant aux déposants et aurait une identité commerciale distincte en tant que banque de dépôt. Il n'y aurait alors plus aucune distinction pratique entre les dépôts sur compte chèque et les réserves. « L'argent que j'ai à la banque » comme indiqué par le talon de mon chéquier, serait vraiment de l'argent et serait vraiment *à la banque* (ou presque à portée de main). Les dépôts de la banque ne pourraient augmenter pour atteindre 125,000,000$ seulement si l'argent sonnant qu'elle détient augmente également pour atteindre 125,000,000$, c'est-à-dire en voyant ses déposants déposer 25,000,000$ de plus d'argent sonnant en retirant autant d'argent de leurs poches ou de leurs caisses et en le mettant à la banque. Si le montant des dépôts décroissait, cela signifierait que les déposants auraient retiré une partie de l'argent entreposé, le retirant de la banque pour le mettre dans leurs poches ou dans leurs caisses. En aucun cas, il n'y aurait de changement dans le montant total en circulation.

Comme cette évolution vers un système de réserves intégrales retirerait des actifs rémunérés aux banques et les remplacerait par de l'argent sonnant non rémunéré, les banques compenseraient cette perte en facturant les services fournis aux déposants, ou grâce à d'autres modalités qui seront détaillées au chapitre IX.

Avantages

Les avantages résultant de cette réforme pour le public incluraient ce qui suit :

1   Il n'y aurait pratiquement plus de panique bancaire et de ruée vers les banques commerciales. Pour la bonne raison que l'intégralité de l'argent des déposants serait en permanence à la banque et disponible à leur guise. En pratique, moins d'argent serait retiré que sous le système actuel. Nous avons tous en mémoire ce déposant apeuré qui cria au guichetier de sa banque « Si vous n'avez pas mon argent, je le veux. Si vous l'avez, je n'en veux pas».

2   Il y aurait beaucoup moins de faillites bancaires. Pour la bonne raison que les principaux créditeurs d'une banque commerciale et les mieux placés pour l'acculer à la faillite sont ses déposants, et ses déposants seraient contentés intégralement quoiqu'il arrive.

3   La dette du gouvernement serait substantiellement réduite. Pour la bonne raison que la Commission Monétaire, qui représente le gouvernement, mettrait la main sur une grande partie des obligations d'État en cours.

4   Notre système monétaire serait simplifié. Pour la bonne raison qu'il n'y aurait plus de distinction essentielle entre l'argent dans les poches et l'argent sur compte chèque. Tous nos moyens de paiement dans leur intégralité seraient de l'argent véritable.

5 **L'activité bancaire serait simplifiée.** Aujourd'hui, il existe une confusion en ce qui concerne la propriété de l'argent. Quand l'argent est déposé sur un compte chèque, le déposant pense encore que cet argent est le sien alors que légalement, c'est celui de la banque. Le déposant ne détient pas d'argent à la banque, il est simplement un créditeur de la banque en tant qu'entreprise privée. Une grande partie du « mystère » qui entoure l'activité bancaire disparaîtrait dès que les banques ne seraient plus autorisées à prêter l'argent de leurs clients alors que dans le même temps ces déposants utilisent cet argent comme *leur* argent en payant par chèque. « M. Dooley » le Will Rogers de son époque, mit en lumière l'absurdité de ce double usage de l'argent quand il décrivit un banquier comme « un homme qui prend soin de votre argent en le prêtant à ses amis »

Dans le futur, il y aurait une distinction claire entre les dépôts sur *compte chèque* et les dépôts sur *compte épargne*. L'argent placé dans un compte chèque appartiendrait au déposant, comme n'importe quel dépôt en *coffre* et ne serait rémunéré par aucun intérêt. L'argent placé dans un compte épargne aurait un statut identique à celui d'aujourd'hui. Ce dépôt appartiendrait sans équivoque à la banque. En échange de cet argent, la banque donnerait droit à un remboursement avec intérêt, mais n'octroierait *aucune possibilité de paiement par chèque*. Le déposant en épargne aurait simplement acheté un *investissement* à l'instar d'une obligation à intérêt et cet investissement ne nécessiterait pas des réserves intégrales en argent sonnant, pas plus que n'importe quel investissement en obligation ou en action.

Les réserves minimum légales pour les comptes

épargnes n'ont pas nécessairement besoin d'être changées avec l'arrivée du nouveau système pour les dépôts sur compte chèque (même si un renforcement de ces réserves est désirable).

6 **Les grandes inflations et déflations disparaitraient.**Pour la bonne raison que les banques seraient privées de leur pouvoir actuel de créer de l'argent sur compte chèque et de le détruire. En effet, l'octroi de prêts n'augmenterait pas le montant total des moyens de paiement et la demande de remboursement des prêts n'en détruirait pas. Le volume d'argent sur compte chèque ne serait plus affecté en fonction de la croissance ou de la décroissance des sommes prêtées. L'argent sur compte chèque ferait partie intégrante de la monnaie véritable de la nation et le fait qu'il soit ou non prêté à quelqu'un n'aurait aucune répercussion sur son volume.

Même si tous les déposants devaient retirer tout leur argent au même moment ou devaient rembourser tous leurs prêts en même temps ou devaient tous faire défaut en même temps, le volume d'argent de la nation n'en serait pas affecté. Cet argent serait juste redistribué. Ce total serait contrôlé par son seul émetteur, la commission monétaire (qui pourrait aussi se voir donner des pouvoirs en ce qui concerne la thésaurisation et la vélocité, si cela est désiré).

7 **Les épisodes de boom et de dépressions seraient grandement atténués.** Pour la bonne raison qu'ils sont principalement dus aux inflations et déflations.

8   Le contrôle de l'industrie par les banques cesserait quasiment. Pour la bonne raison que c'est seulement en temps de dépression que les industries peuvent en général tomber dans entre les mains des banquiers.

De ces 8 avantages, les deux premiers s'appliqueraient principalement aux États-Unis, le pays des ruées vers les banques et des faillites bancaires. Les 6 autres s'appliqueraient à tous les pays ayant un système de dépôt sur compte chèque. Les avantages 6 et 7 sont de loin les plus importants, i.e. la fin de l'inflation ou de la déflation de nos moyens de paiement et de ce fait l'atténuation des épisodes de booms et de dépressions en général et la fin des épisodes de grands booms et de grandes dépressions en particulier.

Objections

Naturellement, une idée nouvelle ou qui le semble, comme celle d'un système de réserves intégrales, devrait provoquer des huées de critique.

Les questions qui viendront le plus probablement à l'esprit de ceux qui ont des doutes à propos du système de réserve intégrale sont :

1   La transition vers le système 100%, le rachat des actifs par de l'argent nouvellement créé, n'augmenterait-il pas immédiatement et très fortement le montant des moyens de paiement en circulation au sein du pays ?

Pas du moindre dollar. Il rendrait simplement

l'argent dans les poches et l'argent sur compte chèque entièrement convertibles en changeant les dépôts existant constitués de monnaie imaginaire en dépôts constitués d'argent véritable.

Après la transition (et après que le degré prescrit de reflation ait été atteint[2]), la Commission Monétaire pourrait augmenter la quantité de monnaie en achetant des obligations et pourrait la faire décroître en en vendant des obligations, étant restreinte dans chaque cas par l'obligation de maintenir les prix ou la valeur du dollar au niveau prescrit avec une précision raisonnable.

Il est cependant intéressant de noter que le maintien de réserves de 100% et le maintien d'un niveau des prix sont des problèmes distincts et indépendants.

2 Y aurait-il des actifs de valeur « couvrant » le nouvel argent ?

Le jour suivant l'adoption du système de réserves intégrales, le nouvel argent émis transférable par chèque serait couvert par exactement les mêmes actifs, en grande majorité des obligations d'État, qui couvraient l'argent sur compte chèque le jour précédent, mais ces obligations seraient désormais en la possession de la Commission Monétaire.

L'idée selon laquelle il faut que toute monnaie ou dépôt soit couvert des titres comme garantie contre une inflation galopante est traditionnelle. Sous le système actuel (que nous allons appeler, par opposition,

---

[2] Voir le chapitre VI.

système 10%), dès que le déposant craint que son dépôt ne puisse lui être fourni en argent dans les poches, la banque peut (théoriquement) vendre des titres contre de l'argent pour rembourser ses clients paniqués. Très bien. Sous le système 100%, la monnaie serait couverte précisément par les mêmes titres et il serait aussi aisé de vendre ces titres. Mais en plus, il y aurait le crédit du gouvernement des États-Unis. En conclusion, il n'y aurait plus de déposants paniqués, craignant de ne pas pouvoir convertir leur dépôt en argent sonnant.

3 L'étalon or serait-il abandonné ?

Ni plus ni moins qu'il ne l'est aujourd'hui ![3] L'or pourrait avoir exactement le même rôle que le sien aujourd'hui, son prix fixé par le gouvernement et son utilisation confinée principalement aux règlements internationaux.

De plus, un retour au type d'étalon or que nous avions avant 1933 pourrait, si on le désire, être effectué aussi facilement sous un système 100% que ce ne l'est actuellement. En réalité, sous le système 100%, il est probable que notre vieil étalon or, s'il était restauré, fonctionnerait tel que cela était voulu au départ.

4 Comment les banques trouveraient-elles de l'argent à prêter ?

Juste comme elles le font habituellement

---

[3] NDT : L'étalon-or avait été abandonné en 1933 aux États-Unis, soit deux ans avant la première publication de cet ouvrage.

aujourd'hui, à savoir : (1) en prêtant leur propre argent (leur capital), (2) en prêtant l'argent qu'elles reçoivent de leur client et placé sur des comptes épargne (ne pouvant pas être utilisé pour payer par chèque), (3) en prêtant l'argent remboursé sur les prêts échus.

Sur le long terme, il y aurait probablement beaucoup plus d'argent à prêter, car il y aurait plus d'épargne créée et donc disponible à prêter. Mais ici une telle expansion des prêts, une expansion naturelle provoquée par une expansion de l'épargne, n'impliquerait pas nécessairement une quelconque augmentation de la monnaie en circulation.[4]

La seule nouvelle limitation du crédit bancaire serait une limitation saine. Aucune somme ne pourrait être prêtée s'il n'y a pas d'argent disponible à prêter. Ainsi, Les banques ne pourraient plus *sur*prêter en créant de l'argent à partir de rien de manière à créer de l'inflation et un boom.

En plus des trois sources de fonds prêtables citées précédemment (capital de la banque, épargne, et remboursement), il sera possible pour la commission monétaire de créer de l'argent et de le transmettre aux banques en rachetant des obligations. Cependant, l'émission de nouvelle monnaie serait restreinte par l'obligation fondamentale d'empêcher une hausse des prix au dessus d'un certain niveau prescrit, mesuré par un indice des prix convenable.

---

[4] Voir Chapitre V

5   Les banquiers seraient-ils pénalisés ?

Au contraire :

(a)   Ils partageraient les bienfaits globaux dont tirerait la nation d'un système monétaire plus solide et d'une prospérité retrouvée. En particulier, ils recevraient plus de dépôts sur les comptes épargnes.

(b)   Ils seraient dédommagés (en facturant leurs services ou autrement) de toute perte de profit due à la mise en place de réserves intégrales.

(c)   Les banques seraient pratiquement libérées du risque de futures paniques bancaires et de faillites.

Les banquiers n'oublieront pas de sitôt ce qu'ils ont subi lors de la course à la liquidité des années 1931-33, chacun pour soi et les derniers sont démunis. Un tel mouvement de foule serait impossible sous le système 100% car une liquidité de 100% serait assurée à tout moment par chaque banque séparément, indépendamment de ce que font les autre banques.

6   Ce plan consisterait-il en une nationalisation de la monnaie et des banques ?

De la monnaie, oui. De l'activité bancaire, non.

En Conclusion

La proposition d'un système de réserves intégrales est tout sauf radicale. Ce qui est demandé, en principe, est un retour depuis l'extravagant et ruineux système d'aujourd'hui consistant à prêter le même argent 8 à 10 fois au bon vieux système de dépôt en coffre des orfèvres, avant qu'ils ne se mettent de manière inappropriée à prêter l'argent qu'on leur avait remis pour être mis en coffre. C'est cet abus de confiance qui, après avoir été accepté comme une pratique standard, nous a progressivement amené vers le système de dépôt bancaire moderne. Du point de vue politique cela reste un abus. Ce n'est désormais plus un abus de confiance, mais ce sont les fonctions initiales des prêts et des dépôts qui sont abusées.

L'Angleterre a effectué une réforme et un retour partiel au système de réserves intégrales des orfèvres quand, il y a presque un siècle, le Bank Act a été voté requérant des réserves intégrales pour tous les billets de la Banque d'Angleterre émis au-delà d'une certaine limite (et également pour les billets de toutes les autres banques émettrices qui existaient à cette époque).

Le professeur Frank D. Graham de Princeton, dans une déclaration favorable à ce plan de réserves intégrales, a dit du président Adams qu'il « dénonçait l'émission de billets par des banques privées comme une fraude à l'encontre du public. Il était soutenu sur ce point par toutes les forces conservatrices de son temps. »

En conclusion, pourquoi continuer à pratiquement déléguer aux banques en l'échange de rien une prérogative du gouvernement ? Cette prérogative est définie comme il suit par la constitution des États-Unis (Article 1, section 8) : « Le congrès aura le pouvoir [...] de frapper la monnaie et de réguler la valeur de celle-ci ». On peut pratiquement dire, voire dire avec certitude, que toutes les banques de dépôt sur compte chèque frappent la monnaie et ces banques, dans leur ensemble, régulent, contrôlent ou influencent la valeur de celle-ci.

Les défenseurs du système monétaire actuel ne peuvent honnêtement prétendre que sous le joug d'une foule de petits centres d'émission monétaire privés, le système a bien fonctionné. Si c'était le cas, nous n'aurions pas vu disparaître 8 milliards de dollars sur 23 de nos comptes chèque.

Si nos banquiers veulent continuer à commercialiser la fonction essentielle de l'industrie bancaire, le prêt, ce qu'ils peuvent effectuer mieux que le gouvernement, ils doivent être prêts à abandonner la fonction d'émission monétaire qu'ils ne peuvent effectuer aussi bien que le gouvernement. S'ils arrivent à concevoir cela et pour une fois disent « oui » au lieu de « non » à ce qui semble peut-être pour eux une proposition nouvelle, il n'y aura probablement plus d'opposition importante à ce projet.

Chapitre II

Les contours de la loi

L es lecteurs désirant étudier une proposition de loi, formulée dans sa forme juridique, peuvent se référer à l'appendice IV. Ils y trouveront une reproduction de la proposition d'amendement au Bank Act de 1935 suggérée par M. Robert Hemphill. Les chapitres IX et XI abordent également ce sujet. Ce chapitre, moins technique, s'adresse pour sa part à l'ensemble des lecteurs.

Il existe plusieurs manières de promulguer le principe de réserves intégrales sous la forme d'une loi. Toutes nécessiteraient une Commission Monétaire, ou une sorte d'équivalent à l'image du récemment constitué comité d'Open Market du conseil d'administration de la Réserve Fédérale (en y incluant les changements appropriés). Il faudrait alors accorder à cette Commission Monétaire (ou son équivalent) le pouvoir d'émettre la monnaie de la nation et de la réguler en accord avec un critère légal de stabilisation. La stabilisation s'effectuerait par le biais d'opération d'Open Market, c'est-à-dire en achetant et en vendant des obligations d'État ou d'autres actifs éligibles tels que l'or et les devises étrangères. Cela pourrait se faire également en faisant varier le prix de l'or et de l'argent ou en faisant varier les taux de change.

Une masse monétaire fixe

Ce premier contour d'une possible loi revêt la forme

la plus simple du plan de réserves intégrales.

Il est suivi d'une description brève de potentiels compromis se révélant parfois complexes mais ayant pour objectif de déstabiliser le moins possible le statu quo.

1. Autoriser et ordonner à la Commission monétaire d'émettre une monnaie nouvelle et d'utiliser cette monnaie nouvelle :

(a) Pour acheter aux 12 *Federal Reserve Banks* des États-Unis suffisamment d'obligation d'État des États-Unis d'Amérique (ou d'autres actifs éligibles) afin de fournir à chacune de ces banques une couverture intégrale en monnaie véritable des dépôts à vue (disponibles à la demande à tout moment) qu'elles détiennent.

(b) Pour acheter à toutes les autres banques détenant des comptes chèque suffisamment d'obligation d'État des États-Unis d'Amérique afin de fournir à chacune de ces banques une couverture intégrale similaire en monnaie véritable pour l'ensemble des comptes chèques qu'elles détiennent.

(c) Pour acheter à l'ensemble des agents suffisamment d'obligation d'État pour porter le montant total de moyens de paiement de la nation (constitué dans son ensemble de monnaie véritable) jusqu'à un montant spécifié (30 milliards de dollars par exemple).

2.   Ensuite, *maintenir le montant de l'offre de monnaie inchangé.*

Les deux dispositions précédentes, à propos de la reflation et de la fixité ultérieure de la masse monétaire, couvrent l'essentiel du plan de réserves intégrales dans sa forme la plus simple, soit un système encore plus automatique que celui de notre vieil étalon or. En effet, après avoir émis et alloué la nouvelle monnaie, la Commission Monétaire n'aurait plus rien d'autre à faire en ce qui concerne la création et la destruction de monnaie. Ni Les banques (qui actuellement perturbent grandement la stabilité de la masse monétaire) ni aucun autre organisme n'aurait le pouvoir de modifier l'offre de monnaie au sein de notre nation.

Deux autres clauses devraient être incorporées au plan lors de son application :

3.   Interdire tout substitut à la monnaie sur compte chèque et toute autre tentative de contournement de cette loi (comme par exemple la possibilité d'effectuer des chèques à partir d'un compte épargne).

4.   Supervisées par une autorité de régulation, autoriser les banques détenant des comptes chèque à facturer la facilité de dépôt et les services fournis et ainsi compenser les banques de toute perte de profit causée par le transfert d'actifs à revenu en faveur de la Commission Monétaire.

Cela va sans dire – quoiqu'il soit peut-être plus approprié de l'écrire clairement dans la loi – que toutes les banques détenant des comptes donnant la possibilité de payer par chèque auraient l'obligation de thésauriser entièrement cet argent pour la simple raison qu'il appartient aux déposants. Les réserves, au lieu d'appartenir aux banques comme cela est le cas actuellement, se confondraient, en atteignant une couverture de 100%, totalement avec les dépôts sur compte chèque. Cette version la plus simple du plan de réserves intégrales devrait rassurer ceux qui craignent la mise en place d'un pouvoir discrétionnaire permettant de « contrôler la monnaie ».

Cependant, à mon sens, le montant des moyens de paiement ou offre de monnaie ne devrait pas être fixé une fois pour toute. En cas de croissance de la population et de l'économie, cela mènerait peut-être à une déflation progressive qui pourrait se révéler nuisible.

Afin de fournir cette élasticité dont nous avons besoin, un contrôle continu de l'offre de monnaie serait nécessaire. Cependant, ce contrôle ne demanderait pas plus de prises de décision que celles que doit prendre un chauffeur de bus à qui l'on exige d'effectuer un trajet bien défini.

Une masse monétaire par tête fixe

Par exemple, si nous souhaitons non pas une masse monétaire fixe mais une masse monétaire par tête fixe, la Commission Monétaire aurait l'autorisation et aurait l'obligation d'acheter ou de vendre (en temps normal d'acheter) des obligations et d'autres actifs éligibles afin de maintenir la croissance de la masse monétaire au même rythme que celle de la population.

Dans le but d'obtenir et de maintenir une telle stabilité de la masse monétaire par tête, seul le second des 4 amendements décrits ci-dessus aurait besoin d'être modifié (« Ensuite, maintenir l'offre de monnaie inchangée ») par :

2. Ensuite, Acheter des titres (aux banques ou au public) dès que l'offre de monnaie par habitant chute en dessous d'un chiffre stipulé (par exemple, 250$) et tant que ce chiffre n'est pas atteint à nouveau. A l'inverse, vendre dès que l'offre de monnaie par habitant dépasse le chiffre stipulé.

Un pouvoir d'achat fixe

Si nous ne voulions comme critère ni d'un montant d'offre de monnaie fixe ni d'une offre de monnaie par tête fixe mais d'un dollar au pouvoir d'achat fixe, c'est-à-dire un niveau des prix fixe mesuré par un indice officiel des prix, la même procédure indiquée précédemment serait exactement appliquée. La Commission Monétaire aurait pour obligation :

2. Acheter des titres dès que l'indice des prix est en dessous du niveau requis et en vendre dès que l'indice est au dessus.

Bien sur, ce qui précède est précisément ce que la Suède a fait à travers de sa Riksbank depuis Septembre 1931 en ajustant également de façon appropriée le prix de l'or et son taux de change. Sa réussite à garder quasiment constant son indice des prix (un indice représentant le coût de la vie au sein du pays), et réciproquement à garder ainsi pratiquement constant le pouvoir d'achat de la Couronne Suédoise, est la réponse la plus convaincante à ceux qui craignent un contrôle de la monnaie par une autorité, surtout quand on sait que la Suède a été la première à sortir de la dépression.

Autres critères

Bien d'autres critères pourraient également être appliqués (Voir Chapitre VI). Pour tous ces critères, le même principe de gestion s'applique. La Commission Monétaire augmenterait ou réduirait la offre de monnaie afin d' d'atteindre le type de stabilisation prescrit par la loi.

J'ai souvent exprimé l'opinion qu'en théorie, quand cela sera permis par des statistiques précises à ce sujet, un des meilleurs critères pour le dollar serait une fraction fixe du revenu par habitant au sein du pays, comme un sixième par exemple.

L'opinion dans ce domaine selon laquelle le revenu monétaire par tête représente approximativement trois fois la masse monétaire par tête est de plus en plus répandue parmi les spécialistes dans ce domaine. Si cette opinion venait à être confirmée – selon laquelle la monnaie et le revenu monétaire maintiennent un ratio approximativement constant ou alors selon laquelle cela serait vrai en l'absence de grands booms et grandes dépressions - s'imposerait la conclusion plutôt surprenante que de maintenir le dollar à une fraction fixe du revenu par tête reviendrait à la même chose que de maintenir fixe l'offre de monnaie par tête et que les seules données dont aurait besoin la Commission Monétaire seraient celles de la population. Pour le moment, nous ne pouvons être sûrs que ces deux critères, une offre de monnaie par tête fixe et un ratio fixe entre la masse monétaire et le revenu national, soient si précisément identiques. Cependant, on peut être assuré que l'idée d'une masse monétaire par tête fixe ne serait pas une mauvaise solution au problème monétaire.

Naturellement, la Commission Monétaire étudierait tous les critères ou indices potentiels puis annoncerait ses recommandations au congrès. Néanmoins, aujourd'hui et tout bien considéré, ma préférence personnelle irait à la méthode suédoise : fixer l'unité monétaire en terme de pouvoir d'achat.

Dans un souci d'efficacité, la Commission Monétaire n'aurait pas d'autres fonctions que celle consistant à réguler la valeur du dollar.

Cependant, comme le lecteur le notera et comme cela est mis en lumière ailleurs dans le livre, la question de savoir quel critère utiliser pour contrôler la masse monétaire nationale est absolument distinct de la question de savoir s'il faut ou non adopter un système de réserves intégrales. Le critère de stabilité ne concerne pas directement cet ouvrage.

Le problème de la monnaie paraîtrait bien plus simple au public s'il était entièrement séparé de celui des prêts bancaires, exactement comme le département d'émission de la Banque d'Angleterre fut séparé en 1844 du département régulant l'activité bancaire. Ainsi, toutes les banques commerciales devraient être divisées en une banque de dépôt et une banque de prêt.

Compromis potentiels

Voici ce qu'il en est en ce qui concerne le plan dans sa forme la plus simple. Mais la façon la plus simple d'atteindre un objectif n'est pas toujours la meilleure sur les plans politiques et pratiques. Par exemple, la retrait de la circulation de certaines formes de monnaie qui, du point de vue de la simplicité serait désirable, ferait face dans la pratique à l'opposition de féroces résistances. Cela serait vrai en ce qui concerne nos certificats argent (le métal) et de l'argent inutilisé désormais « en couverture», aussi bien que pour les Treasury Notes, les Greenbacks, et les Federal Reserve Notes.

Bien heureusement, il n'existe aucun besoin pressant d'abolir un ou plusieurs de nos 13[5] moyens de paiement différents aussi étranges et superflus nombre d'entre eux puissent être. La seule vraie nécessité, c'est de réguler les dépôts à vue.

---

[5] A savoir : (1) l'or, (2) les certificats or, (3) dollars argent, (4) certificats argent, (5) les billets des Etats-Unis ou Greenbacks, (6) certificat de monnaie (greenback), (7) billets du Trésor, (8) billets des banques nationales, (9) billets de la Réserve Fédérale, (10) billets des Banques Fédérales, (11) argent subsidiaire, (12) pièces, (13) dépôts sujet à chèque. De ces éléments, nous pourrions abandonner entièrement les éléments (5), (6), (7), (8), (11), (12). Si nous conservons un étalon or, le président ou une autre autorité aurait à changer occasionnellement le prix de l'or. Des régulations identiques seraient nécessaires aux éléments (3) et (4) concernant le métal argent. Le meilleur moyen de traiter (10) serait de bloquer son montant en circulation exactement comme il y a 60 ans, nous avons bloqué (5). Cela nous laisse (9), les billets de la Réserve Fédérale, pour servir comme « Monnaie de la Commission », mentionnée précédemment et dont le montant en circulation doit varier pour pouvoir atteindre le niveau requis. Les réserves couvrant (13) peuvent être constituées de n'importe quel argent légal parmi les douze formes d'argent dans les poches.

Même si, dans notre plan de réserves intégrales, seul de la monnaie papier est utilisée, en réalité il ne serait pas nécessaire d'en fournir de telle quantité. Les réserves couvrant les dépôts du public chez les banques membres pourraient ne pas être entièrement constituées de monnaie papier mais principalement de « crédit » ou de dépôts à vue détenus par ces banques membres chez les Federal Reserve Banks, à condition que le total soit égal à l'intégralité des dépôts sur compte chèque du public. Pour le dire d'une autre manière, ce serait comme si les banques membres détenaient à l'origine cet argent tangible dans leur propre coffre et en avait ensuite, pour des raisons de sécurité, déposé la grande partie dans les coffres de la Réserve Fédérale. Il ne serait pas non plus nécessaire d'avoir tout cet argent dans les coffres de la Réserve Fédérale tant qu'il est disponible quelque part. En réalité, il ne serait même pas nécessaire que tout cet argent soit imprimé et tangible, et certainement pas signé, si l'agence d'impression monétaire se tient prêt à tout moment à le fournir à la demande. Les banques canadiennes ont le droit de détenir des billets de banque non signés prêts à être convertis en argent véritable par un simple coup de stylo lorsqu'elles en reçoivent l'autorisation.

Sous un tel régime, les réserves des banques membres pourraient se présenter sous la forme d'un crédit comme c'est le cas aujourd'hui et ne pas être sous forme tangible.

À l'image de la Banque d'Angleterre

Il est également important d'ajouter que les réserves pourraient ne pas prendre la forme d'argent sonnant ou de crédit. Afin d'atténuer l'opposition des banquiers, nous pourrions autoriser qu'une partie des réserves (en réalité la majeure partie) puisse être détenue sous forme d'obligations d'État (ou d'autres actifs éligibles) dans les coffres des banques à condition cependant que ces obligations ou autres actifs éligibles soient convertibles à tout moment contre de l'argent ou un crédit chez une *Federal Reserve Bank* à chaque fois qu'une banque membre le demande. Ceci à condition également que les réserves totales, c'est-à-dire les obligations plus l'argent, n'excèdent pas en valeur le montant total d'argent sur compte chèque requis selon le critère choisi.

En conséquence, les dépôts à vue seraient simplement un fond de placement, investis en partie en argent en partie en obligations d'État exactement comme l'a imposé le président Roosevelt en 1933 dans le cas des nouveaux dépôts effectués chez les banques classés comme « restreintes »[6]. En principe, ce type de réserve mixte serait à l'image du système de provision pour les billets de la Banque d'Angleterre. Ils sont couverts en partie par de l'argent sonnant (monnaie papier émis par l'État) et un montant fixé de titre d'État. En réalité, le plan de réserves intégrales adopté par l'Angleterre en 1844 semble être arrivé à un tel compromis, un effort pour perturber aussi peu que

---

[6] NDT : Deux jours après son investiture, en pleine panique bancaire, le président Roosevelt imposa une cessation de toute opération bancaire pendant une semaine ce qui comprenait les retraits, les dépôts ou tout transfert d'argent. Durant cette période, toutes les banques du pays furent classées en quatre catégories selon leur degré de solvabilité. Les banques évaluées comme au bord de la faillite furent classés comme « restreintes ». Lors de leur réouverture, elles n'avaient plus le droit d'accorder le moindre retrait tant que leur situation ne s'améliorait pas et tout dépôt devait être soit gardé intégralement soit investi en partie en obligation d'État.

possible le statu quo de 1844 afin d'éviter une forte opposition des banquiers.

Grâce à ces dispositions, la mise en place du système de réserves intégrales ne perturberait probablement presque aucunement le statu quo d'aujourd'hui, car la plupart des banques ont déjà une couverture totale de leurs dépôts à vue si l'on prend en compte les obligations d'État. Le statut des obligations changerait légèrement : elles seraient convertibles à la demande en argent sonnant et leur montant total à détenir serait limité.

Cependant, dans le but de simplifier cet exposé, dans les prochains chapitres, nous ignorerons ces potentiels compromis et supposerons une couverture de 100% en argent sonnant, les obligations ayant été rachetées par la Commission Monétaire.

Partie II

Comment fonctionnerait le système 100%

Chapitre III

La question des réserves

La Banque d'Amsterdam et l'ancien système 100%

Les deux chapitres précédents nous ont donné un bref aperçu de la proposition d'une couverture de 100% des dépôts sur compte chèque, le chapitre I à l'adresse de tous les lecteurs et le chapitre II en direction des législateurs en particulier.

Beaucoup voudront plus d'explications. Les parties II et III ont été écrites dans ce but. Ce chapitre est dédié à la question des réserves et ses liens avec les principes et l'histoire de l'activité bancaire.

Les tous premiers systèmes bancaires semblent avoir été des systèmes à couverture intégrale. Son origine provenait de l'habitude de déposer son or et autres biens de valeur chez les orfèvres ou autres détenant les infrastructures pour protéger ces dépôts. L'or et les biens de valeur ainsi déposés étaient échangés grâce à des certificats en papier appelés monnaie scripturale qui étaient en réalité des chèques. Tant que l'ensemble de cet or était gardé en coffre, cet ancien système était clairement un système 100%, très proche de celui proposé ici. Cela commença à changer quand une partie de cet or fut prêtée. En Angleterre, cette évolution a vu le jour autour de l'année 1645.

La Banque d'Amsterdam (appartenant à la ville d'Amsterdam) débuta de la même façon et effectua ce changement de politique à peu près à la même époque. Feu le professeur Charles F. Dunbar de l'université de Harvard nous dit de cette banque :

« Il est clair que le concept d'origine de la banque en tant que banque de dépôt n'incluait pas le prêt comme une de ses fonctions. Elles étaient fondées sans capital et il était admis à la fois par la loi les autorisant et par le public qu'elles détenaient à tout moment l'ensemble des espèces que l'argent scriptural en circulation était censé représenter.»[7]

Le prêt bancaire se développa progressivement et subrepticement. C'était un abus qui fut facilité par le fait que les banques n'avaient aucunement l'obligation de publier des rapports publics. Le professeur Dunbar nous dit :

« L'étendue du secret qui entourait l'état des banques et ses transactions est révélé par l'ignorance complète qui prévalait à propos de la vraie nature de leur commerce. »

« A intervalle régulier, durant les cent dernières années d'existence de la banque, des doutes se sont élevées quant à la véritable présence de l'ensemble des espèces représentées par l'argent scriptural. Cependant, ces doutes semblent avoir été facilement réfutés, ou écartés comme d'importance mineure, bien qu'il soit

---

[7] The theory and History of banking, par Charles F. Dunbar, New York, (Putnam), 1901, p 103.

aujourd'hui certain que, dans certains cas au moins, ils étaient bels et bien fondés. »

« Il semble, cependant, qu'il n'y eut aucune alerte sérieuse à propos de la sureté de la banque avant les divulgations de 1790 et 1791. »

La banque fit alors faillite « après une carrière 182 ans ». On trouva qu'elle avait prêté de l'argent à la Ville d'Amsterdam, remplaçant l'argent sonnant déposé par des obligations de la Ville et que cette pratique « avait perduré pendant plus d'un siècle et demi » sans que l'opinion publique en eut connaissance.

« Durant des génération, l'étrange constitution de la banque avait permis à l'administration de cacher ce coupable secret et d'étouffer tout soupçon. Un système bancaire d'une grande utilité dont la faillite était impossible s'il était dirigé sagement finit ainsi sous le discrédit et en ruine à cause de l'ignorance complète du public du véritable état de ses affaires et de l'absence de compte à rendre de la part des gestionnaires en direction de l'opinion publique. »

Au regard de notre sujet, La seule différence importante entre les abus qui ont finalement mené à la perte de la Banque d'Amsterdam et la pratique moderne consistant à prêter l'argent des déposants (qui a pratiquement anéanti notre civilisation capitaliste) est que le système moderne n'est pas secret mais s'opère au grand jour, avec le consentement de tous les acteurs concernés, et est censé être protégé par des régulations légales ou autres, spécialement concernant les réserves. Ces régulations sont extrêmement compliquées, comme le savent tous ceux qui ont étudié avec attention notre volumineux code bancaire. Les Glass Banking Act de 1934 et l'Ominbus Banking Act de 1935 ne font pas exception. Elles consistent essentiellement en un effort pour trouver un remède aux défauts de notre système bancaire ayant pour cause l'absence de réserves intégrales. Nous pourrions nous passer de la plupart de ces lois une fois les réserves devenues intégrales.

Prêter 10 fois de suite ses réserves

Sous notre système actuel ou système 10%, l'argent sonnant n'est pas prêté une fois mais une multitude de fois. Ce qui suit est une illustration imaginaire et simplifiée du processus par lequel cela est effectué et duquel résulte le lien moderne intime entre les prêts et les dépôts, un lien bien plus intime que celui qui a anéanti la Banque d'Amsterdam.

Imaginons qu'une banque soit fondée le 1er Juin, qu'elle soit la seule présente au sein d'une communauté et que son capital de départ consiste en 1 millions de dollars en argent sonnant détenu en coffre. La banque procède alors au prêt de cet argent. Le premier client emprunte, disons, 10,000$ et signe en échange un titre de créance qui l'engage à rembourser cette somme. Supposons que le guichetier donne en main propre ces 10,000$ d'argent sonnant au client mais que ce client les rende immédiatement au guichetier et ainsi *les dépose*. D'autres clients effectuent la même chose de telle sorte qu'à la fin de la journée le million de dollar ait été entièrement prêté puis déposé à nouveau.

A ce moment la banque a seulement prêté son

propre capital à ses clients et ses clients après avoir reçu cet argent l'ont redéposé.

Ces clients considèrent désormais cet argent comme *leur* argent. Bien que ce ne soit pas le cas légalement, à ce stade, dans la pratique, cet argent est leur argent plutôt que celui de la banque car les dépôts de 1 million de dollar enregistrés sur les talons de leur chéquier sont couverts par des réserves intégrales.

Notre banque imaginaire a alors un million de dépôt (représentant un *passif* dû aux déposants) et elle a des actifs de deux millions de dollars, un million constitué de l'argent déposé et le reste constitué de titres de créance.

Si l'argent sonnant peut être considéré comme étant la propriété des déposants, les titres de créance sont eux la propriété de la banque. Il est vrai que *légalement* ces deux millions appartiennent à la banque, mais dans la pratique, comme nous venons de l'indiquer, le million dans les coffres de la banque appartient aux déposants. L'argent est pour ainsi dire gardé en coffre pour eux par la banque.

Les déposants peuvent transférer par chèque d'individu à individu leur part respective de ce million de dollar pour payer les achats en épicerie ou autres où les chèques sont communément acceptés. Jusqu'ici la situation est presque exactement la même que celle de la banque d'Amsterdam avant le début de ses manipulations secrètes.

Le 2 juin se passe exactement la même chose que le

1er Juin. La banque entreprend de prêter l'argent véritable qu'elle a en coffre aux clients du second jour ; le même million de dollar qui dans la pratique appartenait aux déposants d'hier, mais légalement à la banque. Ensuite, les clients d'aujourd'hui, comme ceux d'hier, redéposent cet argent dès qu'ils le reçoivent, le même million de dollar. A la fin de la journée, le passif de la banque s'élève à deux millions de dollar (enregistré comme argent sonnant sur les talons des chéquiers) et l'actif s'élève à 3 millions, à savoir un million d'argent sonnant et deux millions de titres de créance représentant les prêts des deux journées.

Le danger commence ici. Les dépôts sont maintenant de deux millions mais les actifs bien que de trois millions ne comprennent qu'un million d'argent sonnant. La banque a fait ce que la Banque d'Amsterdam avait fait subrepticement, en remplaçant de l'argent par des titres de créance. La moitié des dépôts est désormais couverte par des titres de créance. Cependant, du point du vue des déposants, ces deux millions de dépôt représentent de l'argent sonnant. Sur le talon de leur chéquier, il est écrit qu'ils ont un total de deux millions de dollars et ils appellent cela « l'argent en banque ». Ils font circuler ces deux millions de dollars par chèque, exactement comme si c'était de l'argent dans les poches, changeant de main, selon certaines estimations, à un rythme d'une fois tous les quinze jours.

La banque n'est plus dans le rôle d'un simple dépositaire. Elle assume une responsabilité bien plus sérieuse, celle de fournir de l'argent sonnant qu'elle ne possède pas. Elle est dans la position de quelqu'un qui a vendu une marchandise à découvert. Elle se fie à une bonne gestion (et à sa bonne étoile) pour obtenir cette marchandise, l'argent sonnant, lorsqu'elle en aura besoin. Comme nous l'avons déjà remarqué, légalement le million d'argent sonnant tout comme le reste des actifs appartiennent à la banque. La propriété des déposants des deux millions « d'argent en banque » n'est plus qu'une simple fiction. Ils ne sont même pas dans les coffres de la banque. Ces deux millions n'existent tout simplement pas. Les déposants ne détiennent pas deux millions de dollars même s'ils le croient ordinairement et que leurs relevés de compte le leur confirment. Tout ce qu'ils détiennent, c'est le droit d'exiger de l'argent sonnant, deux millions.

En autorisant la seconde vague de déposant d'échanger par chèque ce qui n'est pas de l'argent réel, la banque a, en fait, créé de toute pièce (grâce à une simple promesse de fournir de l'argent sonnant à la demande) un million de dollars de monnaie en circulation supplémentaire. Chaque dollar en dépôt n'est qu'une simple promesse de fournir un dollar à la demande des déposants. Ces promesses de payer ses déposants *instantanément* reposent en parti sur la contre-promesse des débiteurs de rembourser *un jour ou l'autre* la banque. Ces derniers, les titres de créances des déposants couvrent la moitié de leurs dépôts, l'autre moitié étant couverte par le seul million d'argent sonnant.

Le 3 juin, la banque prête ce million d'argent sonnant pour la troisième fois et le reçoit encore à nouveau comme les débiteurs le redéposent.

Dans la pratique, bien sur, l'argent transite rarement réellement par le comptoir du guichetier mais reste simplement intouché dans les coffres. Il arrive dans la majorité des cas qu'on dise aux déposants d'enregistrer les « dépôts » successifs sur le talon de leur chéquier, assurant à chacun qu'il aura la possibilité de payer par chèque le montant total de *son* propre dépôt.

Le 4 juin, le million est prêté et déposé une quatrième fois. Le 5 juin, une cinquième fois et ainsi de suite jusqu'au dix juin inclus. Les dépôts sont alors de dix millions de dollars alors que l'argent sonnant est toujours d'un million de dollars (et les titres de créance sont désormais de dix millions de dollars). Alors (si la banque ne s'est pas arrêté plus tôt), la loi s'introduit. La limite légale de 10% de réserve a été atteinte.[8]

---

[8] A strictement parler, l'exemple donné ne s'applique pas entièrement à une nouvelle banque s'installant dans une communauté où il y a déjà d'autres banques de dépôts. Le million lorsqu'il est prêté est ensuite transféré par chèque dans les autres banques et n'est ainsi pas intégralement redéposé dans la même banque. Les autres banques lorsqu'elles reçoivent leur part vont retirer une partie de ce million des coffres de la nouvelle banque pour les transférer vers leurs propres coffres. Ce déversement des réserves depuis les coffres d'une banque vers les coffres d'autres banques dissimule le processus mis en lumière ci-dessus durant lequel le même argent est prêté plusieurs fois de suite, et le dissimule même habituellement aux banquiers.

Ce processus de prêt multiple est plus évident quand il n'y a qu'une banque à prendre en considération. Mais, même lorsqu'il y a plusieurs banques, ce processus reste vrai pour les banques *dans leur ensemble*. Ce déversement de l'argent d'une banque vers les autres change simplement la banque dans laquelle se fera le prêt supplémentaire.

Ce paradoxe bancaire selon lequel ce qui est vrai pour les banques dans leur ensemble n'est pas vrai pour une banque isolée a été pour la première fois mis en lumière par Chester Phillips, désormais doyen de l'Université de l'Iowa.

Le minimum légal requis concernant les réserves aux États-Unis n'est pas uniformément 10%, mais, par commodité, l'ensemble de notre système actuel, celui de réserves fractionnaires, sera par la suite appelé « système 10% ».

De « l'argent sonnant » qui n'est pas de l'argent sonnant

La majeure partie des dépôts est créée de la curieuse façon que nous venons de décrire, en prêtant. Parfois, un peu d'argent sonnant passe vraiment par le comptoir du guichetier dans une direction ou dans une autre, emprunté et vraiment retiré, pour payer des employés par exemple, ou déposé, par un magasin de détail faisant habituellement affaire en espèce par exemple. Mais le plus souvent, les dépôts bancaires sont créés de toute pièce à partir des prêts, comme dans notre exemple imaginaire. En d'autres termes, à peu près neuf dixièmes des dépôts des déposants proviennent de leurs propres reconnaissances de dette, avec l'aide de la banque.

Mis à part les prêts (titres de créance) et l'argent sonnant, les actifs des banques sont usuellement constitués « d'investissements » tel que des obligations. Les principes énoncés précédemment s'appliquent à ces investissements aussi bien qu'aux prêts. En effet, une banque peut acheter des obligations, disons à des compagnies d'investissement, en accordant des dépôts, c'est-à-dire en « élargissant le crédit » de ces compagnies sans utiliser le moindre argent sonnant, exactement comme lorsqu'elle accorde un prêt. Il en résulte que les dépôts bancaires augmentent avec les investissements, tout comme avec les prêts, et donc à mesure qu'augmentent les prêts et les investissements pris ensembles. Aussi, bien évidemment, les dépôts décroissent lorsque les investissements décroissent, lorsque les prêts décroissent et lorsque les prêts et les investissements pris ensembles décroissent.

Nous nous intéresserons aux prêts et aux investissements lors du chapitre V. Ici, ce qui nous intéresse principalement, ce sont les dépôts bancaires, le présumé « argent en banque » ou ce que nous avons appelé l'argent sur compte chèque, et à quel point cet « argent sonnant » n'est pas vraiment de l'argent sonnant.

Comme nous l'avons dit précédemment, chaque déposant appelle toujours son « dépôt », son « argent en banque ». Mais la seule justification à cela est qu'il se sent sûr de pouvoir obtenir « son » argent sonnant quand il le désire ; et il le peut à condition qu'il n'y en ait pas trop d'autres qui veulent retirer « leur » argent sonnant au même moment ou à condition qu'assez d'argent sonnant soit déposé par d'autres. Tant que la banque peut fournir ainsi la totalité de l'argent sonnant réclamé par les déposants, les 10,000,000 de dollar de dépôts peuvent circuler par chèque avec autant de bonheur que s'ils étaient couverts par un montant équivalent d'argent sonnant. Les chèques qui passent d'un déposant à un autre transfèrent simplement les dépôts, le droit d'exiger de l'argent sonnant, en laissant intouché l'argent sonnant dans les coffres. Entre des déposant de banques différentes, les chèques s'annulent en grande partie les uns les autres à travers la chambre de compensation de façon à ce que, que ce soit entre les déposants d'une même banque ou entre les déposants de banques différentes, il y ait besoin de très peu d'argent sonnant, en temps clément.

Ainsi, étant en grande partie exempt (en temps clément) d'importantes demandes en argent sonnant, notre banque servant d'illustration a été capable d'effectuer un miracle. Elle a fait apparaître 10 millions de dollars là où il y en avait 1 million auparavant. Elle a ainsi provoqué une inflation des moyens de paiement. Elle a créé de toute pièce 9 millions de dollars à partir de titres de créance ou de dettes. Cet « argent » est appelé de différentes manières mais toutes ont pratiquement la même signification : « crédit », « monnaie de crédit », « monnaie de dépôt », « l'argent en banque », « l'argent que j'ai à la banque », « dépôts à vue », « dépôts pouvant être transférés par chèque », « dépôt sur compte chèque ». Dans le chapitre 1 nous avons appelé cela « argent sur compte chèque ».

Avec des réserves de 10%, seul 10% de l'argent sur compte chèque peut être à proprement parler considéré comme un vrai dépôt d'argent. Les 90% restant sont un substitut synthétique à l'argent sonnant, créé par une sorte de tour de passe-passe. Le client croit qu'il a reçu un prêt provenant de l'argent que la banque détenait préalablement et l'a ensuite redéposé. Il ne voit pas que l'argent qu'il a déposé a été en fait créé par la banque à partir de son propre emprunt, sa propre dette. Il a aidé la banque à créer de l'argent de toute pièce et cette création monétaire ne concerne pas seulement lui-même et la banque mais la nation dans son ensemble exactement comme l'argent créé par le chercheur d'or lorsqu'il rapporte de l'or à l'Hôtel de la monnaie concerne la nation dans son ensemble.

Comment les banques détruisent « l'argent sur compte chèque »

Les banques n'ont pas seulement le pouvoir de créer une telle monnaie synthétique, elles peuvent aussi la détruire, en inversant le processus décrit précédemment. Prenons le premier client qui, le 1er Juin a emprunté 10,000\$. Au premier septembre, après avoir utilisé cet argent pour ses affaires, c'est-à-dire en le consacrant à la main d'œuvre, aux matériels, à l'équipement , il a ainsi gagné 10,000\$ plus un profit et dépose le tout (principalement sous forme de chèques). Il rembourse sa dette de 10,000\$ par un chèque couvert par son dépôt à la banque. Ce paiement détruit une somme équivalente (10,000\$) de moyen de paiement circulant aux États-Unis car il réduit de 10,000\$ le solde de son compte chèque mais n'augmente le solde du compte chèque de personne d'autre. Les dépôts décroissent de 10,000\$ et les prêts également.

Ainsi, de la même façon que l'argent sur compte chèque est créé de toute pièce lorsque les prêts sont contractés, l'argent sur compte chèque est détruit lorsque les prêts sont remboursés. Dans chacun des cas l'intérêt public est concerné.

Ceci est le fondement de l'affirmation du chapitre 1 selon laquelle les banques sont pratiquement des émetteurs de monnaie privés. Cependant, M. Edmund Platt, ancien vice-gouverneur de la Réserve Fédérale nous rappelle[9] qu'il faut être deux pour faire un prêt. « Les banques sont impuissantes », dit-il, « si à cause d'une crise de confiance ou pour toute autre raison, les emprunteurs viennent à manquer ». Ceci est parfaitement vrai, mais nous sommes d'autant plus infortunés car cela montre que nos moyens de paiement ne dépendent pas simplement de 14 500 émetteurs de monnaie privés mais également de millions d'emprunteurs. Mr Platt cite également l'économiste anglais Keynes « il est très préjudiciable que les déposants puissent prendre l'initiative de changer le volume de la monnaie de la communauté ».

Cependant, le point important reste que c'est le système bancaire de réserves fractionnaires qui donne à ces deux parties, la banque et l'emprunteur, le pouvoir de provoquer une inflation ou une déflation des moyens de paiement ; un pouvoir non-intentionnel qui donne une implication nationale et contre-nature à une transaction qui serait innocente autrement.

L'activité bancaire sur une corde raide

Si les deux parties, au lieu d'être une banque et un individu était un individu et un individu, ils ne pourraient pas provoquer une inflation des moyens de paiement en effectuant un prêt, pour la simple raison que le prêteur ne pourrait pas prêter ce qu'il n'a pas, comme le peuvent les banques. Un individu ne peut prêter 10$ de sa poche à moins qu'il n'ait cet argent dans sa poche pour le prêter. Et s'il les prête, ils ne sont

---

[9] New York Herald Tribune, 2 Janvier 1935.

alors plus dans sa poche. Il ne peut pas garder 10$ dans sa poche et dans le même temps les prêter à dix personnes différentes, en promettant simplement à chaque personne qu'il fournira les 10$ prêté à la demande. S'il se constitue lui-même en banque commerciale, il pourra alors le faire ; il peut détenir dix titres de créance d'un total, disons, de 100,000$ et attendre des débiteurs qu'ils fassent circuler ces 100,000$ (dont 90,000 sont imaginaires) en signant des chèques couverts par lui, en se fiant dans le même temps à sa bonne étoile pour qu'ils n'exigent jamais plus de 10,000$ en argent sonnant à la fois.

Seules les banques commerciales et les sociétés fiduciaires peuvent prêter de l'argent qu'elles créent de toute pièce en le prêtant. Les banques d'épargnes ne créent pas ses dépôts. Elles prêtent les fonds déposés chez elles.

De la même manière que deux individus ne peuvent réduire les moyens de paiement en circulation en liquidant une dette, une banque d'épargne et un individu ne le peuvent pas non plus.

Quid à propos des dangers que les banques encourent elles-mêmes ?

Comme les banques commerciales et les sociétés fiduciaires supportent toujours un volume très important et fluctuant de « crédit » ou d'argent sur compte chèque couvert par un montant faible d'argent sonnant, elles se retrouvent dans une situation aussi difficile que celle d'un chauffeur qui transporterait une énorme quantité de foin sur un tout petit et étroit fourgon. Sur une route lisse, tout va bien mais ce n'est pas le cas quand la route est accidentée.

Le défaut fondamental du système de réserve fractionnaire

Il y a de l'ironie, qu'elle soit inconsciente ou non, lorsque le banquier « conservateur » conseille à ses clients de ne pas faire de cavalerie, de ne pas faire des affaires avec une trésorerie rachitique, de ne pas spéculer avec l'argent des autres ou de ne pas vendre à découvert.

Un banquier de grande expérience qui est devenu un partisan du système de réserves intégrales m'a dit : « Il n'y a aucun vrai homme d'affaire qui imaginerait gérer son entreprise avec un bilan qui ressemblerait à celui d'une banque commerciale ordinaire, et s'il essayait, aucune banque commerciale ne lui prêterait de l'argent. Si vous ne me croyez pas, essayez avec n'importe quelle banque commerciale. Prenez son propre bilan, transformez-le suffisamment pour qu'il puisse s'appliquer à une entreprise et demandez au banquier responsable des prêts de cette banque jusqu'à quel point il augmenterait la ligne de crédit de cette entreprise qui a un passif exigible à tout moment représentant dix fois sa trésorerie et des actifs en grande partie gelés même lorsqu'ils sont nominalement dits liquides ! »

En admettant que de telles banques puissent éviter le naufrage en temps clément ou, comme en Angleterre ou au Canada, même en temps tumultueux, elles ne se sauvent seulement qu'en faisant grand tort à la population, c'est-à-dire en réduisant les moyens de paiement en circulation. Ainsi, non seulement le banquier n'autoriserait pas sa clientèle d'affaire à gérer leurs affaires avec une trésorerie aussi fragile que la sienne mais il est encore plus injustifiable de voir le banquier faire reposer ses affaires sur des fondations aussi faibles, ou plutôt est-il encore plus injustifiable que nous permettions aux banquiers d'avoir des pratiques si dangereuses. Car les réserves chancelantes des banques ébranlent l'ensemble de notre structure économique. Par l'inflation ou la déflation des moyens de paiement en circulation, le système de réserve fractionnaire nuit à tout le monde, y compris les millions d'innocent au sein de la population qui n'ont rien à voir avec ces transactions.

Comme cela est très bien dit dans un mémorandum écrit par quelques économistes de l'Université de Chicago favorables au système 100%, « Si un mauvais génie avait cherché à aggraver la plaie que représentent les cycles des affaires et l'emploi, il aurait pu à peine faire mieux que d'instituer un système de banques de dépôt privés sous sa forme actuelle. »

La petitesse des réserves et le lien entre les dépôts sur compte chèque et les prêts en découlant constituent les défauts majeurs de notre système bancaire contemporain. Ceux-ci et les conséquences fatales qui s'en suivent peuvent être résumés dans les quatre propositions suivantes qui seront étudiés plus sérieusement au chapitre VII :

(1) Le système de réserve fractionnaire lie l'argent bancaire aux prêts (et investissements) bancaires.
(2) Ce système et ce lien intime ont pour

conséquence des ruées bancaires et des faillites.

(3) Ils ont également pour conséquence l'inflation et la déflation de notre principale « monnaie » (« l'argent sur compte chèque ») à mesure que les prêts (et investissement) bancaires croissent ou décroissent.

(4) La croissance et la décroissance des prêts bancaires et ainsi de « l'argent sur compte chèque » sont les principales responsables des grands booms et des grandes dépressions.

(5) En agrégeant ces quatre propositions, il est légitime de dire que le système 10% est un facteur aggravant majeur des terribles calamités à l'image de celles que nous avons vécues récemment.

Le système de Réserve Fédérale comme solution

Le système de Réserve Fédérale fut établi en 1914 pour remédier à certains (pas tous) défauts du système 10% aux États-Unis. Au sein du système de Réserve Fédéral, il y a 12 districts, chacun comprenant une banque centrale, La *Federal Reserve Bank* de ce district, et un groupe dit de « banques membres ». La clientèle d'affaire d'un district donné emprunte et dépose chez les banques membres. Les banques membres empruntent et déposent chez la *Federal Reserve Bank*. De plus, les dépôts des banques membres gardés par la *Federal Reserve Bank* constituent les réserves des banques membres. Ainsi, aujourd'hui, les banques auxquelles nous avons à faire, elles-mêmes, n'ont pas la moindre réserve en argent sonnant ! Elles ont seulement besoin de préserver des réserves en crédit, i.e. les promesses des *Federal Reserve Banks* de fournir de l'argent sonnant à la demande.

Ces réserves doivent selon la loi, dépendant de l'emplacement de la banque, être égales à 7%, 10% ou 13% des dépôts du public chez les banques membres. La loi requiert aux *Federal Reserve Banks* de garder des réserves représentant 35% des dépôts des banques membres. Seules ces réserves, les réserves gardées par la *Reserve Bank* doivent être en argent sonnant ou au porteur. Ainsi, dans une petite ville, une banque détenant des dépôts sur compte chèque de 100,000$ peut garder des réserves de 7%, soit 7,000$, entièrement déposées à la *Federal Reserve Bank*. Pour couvrir ce dépôt, à son tour, cette dernière doit garder des réserves de 35%, ou 2,450$ en argent sonnant. Il y a 2,45% d'argent sonnant pour couvrir 100,000$ de dépôts détenus par le public, ou à peu près 2,5%. Pour faire court, dans les petites villes, les dépôts sur compte chèque doivent avoir des réserves de 2,5% (i.e. 35% de 7%). De la même manière, une banque dans une ville de taille moyenne avec 100,000$ de dépôts doit garder 10,000$ de réserve en dépôt à la *Federal Reserve Bank* qui à son tour garde 3,500$ de réserve en argent sonnant, soit 3,5% des 100,000$. Pour les grandes villes, les réserves légales en argent sonnant sont de 35% de 13%, soit à peu près 4,5%, c'est-à-dire 4,500$ d'argent sonnant pour couvrir 100,000$ de dépôts sur compte chèque.

Ainsi, notre système américain de dépôt sur compte chèque que nous dénommons dans ce livre le système « 10% » est bien pire qu'un système 10%. Sous la *Federal Reserve Law,* c'est en réalité un système 2,5%, 3,5% et 4,5% que nous avons ! En plus, c'est, en ce qui concerne les réserves, pire que ce qui existait avant l'instauration du système de Réserve Fédérale.

30,000,000,000$ d'argent sur compte chèque

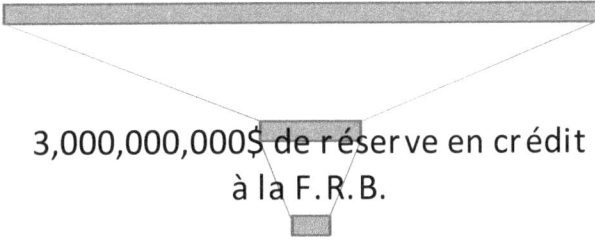

3,000,000,000$ de réserve en crédit à la F.R.B.

1,000,000,000$ en argent sonnant

LA PYRAMIDE INVERSÉE DU SYSTEME 10%

Un milliard en argent sonnant pour soutenir trente milliards de dépôts en argent sur compte chèque. Ce système au sommet imposant et aux bases fragiles est si instable que l'argent sur compte chèque peut être réduit jusqu'à 3 milliards de dollars (ou théoriquement jusqu'à 1 milliard) et ensuite recommencer à croître. Sous le système 100%, la base serait aussi large que le sommet.

L'idée qui prévalait alors était de rendre les réserves plus sures en les rassemblant. Cette protection supplémentaire fut neutralisée par l'affaiblissement des minimums légaux de réserve. Certains banquiers se sont opposés à cet affaiblissement, y compris M. Hemphill de la *Federal Reserve Bank d'Atlanta*. C'est dans la direction opposée qu'il aurait modifiée le minimum légal de réserve.

Une banque membre peut former ses réserves en réescomptant. C'est-à-dire, après qu'un client ait fait escompter[10] sa créance client par une banque membre, la banque membre peut la faire réescompter par la *Federal Reserve Bank*. De la même manière, si la banque membre vend des titres à la *Federal Reserve Bank*, elle peut laisser l'argent reçu à la *Federal Reserve Bank* et ainsi augmenter ses réserves.

De plus, la *Federal Reserve Bank* peut initier ou influencer ces transactions et ainsi faire en sorte que les banques membres augmentent ou réduisent leurs réserves. A cet effet, la *Federal Reserve Bank* peut :

(1) hausser ou baisser son taux de réescompte,
(2) Acheter des titres ou vendre des titres aux banques membres. Ce second expédient (i.e. acheter ou vendre) constitue ce qu'on appelle « les opérations d'Open Market ».

Ces deux dispositifs peuvent en théorie être utilisés et ont été utilisés pour faire face aux dangers du système 10%, les dangers de ruées et de faillites et les dangers d'inflation et déflation.

Cependant, sous le système de Réserve Fédérale, nous avons eu des faillites, des inflations et des déflations plus graves que ce que nous avions connu avant son introduction. Avant qu'elle n'arrive, personne

---

[10] NDT : escompter consiste à se faire prêter une somme d'argent en mettant en garantie la promesse de recevoir une certaine somme d'argent à un moment donné. Par exemple, si un marchand vend un meuble à une entreprise pour 100$, et que cette entreprise lui promet de payer dans un mois, le marchand peut faire escompter ces 100$ par la banque. La banque prête 100$ au marchand et détient la promesse de paiement de l'entreprise en garantie.

n'aurait pu imaginer qu'une déflation si soudaine, si brute et si importante que celle de 1920 soit possible. Et celle qui vint une décennie plus tard fut pire.

Les récentes tentatives pour réformer ou « restaurer » le système de Réserve Fédérale simplement en régulant les différents types de prêt ne s'attaquent pas au cœur du problème. Autoriser ou non tel ou tel type de prêt aura des retombées mineures. Le cœur du problème, c'est l'insuffisance des réserves.

Le problème fondamental est que l'industrie bancaire américaine a essayé de mener les affaires commerciales du pays avec des montants d'argent ridiculement faibles.

Un va et vient plus brutal que jamais pour les réserves

Ainsi, toute l'histoire de l'industrie bancaire semble consister en des va et vient concernant les minimums requis de réserve. Nous sortons d'un cycle d'abus, de contournement et d'évasion. Le banquier en tant qu'individu est tenté par les espoirs de profits que lui offrirait une réduction de ses réserves « en repos ». La loi impose alors, pour contrer cette tendance, des réserves plus importantes ou une consolidation des réserves. Le banquier répond en trouvant un moyen de contourner ces régulations, ce qui nous ramène aux abus initiaux mais sous une forme nouvelle.

Par exemple, partant du système de réserves de 100% des orfèvres et des premières banques de dépôt d'il y a plusieurs siècles, les banquiers, dans le but d'utiliser l'or « en repos », « progressèrent » vers l'industrie bancaire « libre » ou « wild cat banking » d'il y a un siècle engendrée en grande partie par la couverture insuffisante aux États-Unis des billets de banque d'État.[11] Cet abus fut remédié aux États-Unis, en ce qui concerne le problème des billets de banque d'État, en taxant jusqu'à les faire disparaître les billets de banque d'État et en y substituant des billets de Banque Nationaux, mieux couverts sous les auspices et les régulations du gouvernement. Plus tard, nous ajoutions les billets de la Réserve fédérale qui sont soi-disant des obligations du gouvernement.

En Angleterre, le même type d'abus (quoique de degré moindre) fut mieux résolu. En 1844, grâce à un grand homme d'État, Sir Robert Peel, suivant les recommandations de l'économiste et banquier Ricardo[12], il fut imposé de revenir, au moins en partie, au système de réserves intégrales.

Tandis que les premiers abus étaient liés à des billets de banque échangeables en or, les derniers abus furent liés, et sont toujours liés, aux dépôts échangeables en argent au porteur. Cependant, le problème a presque toujours été le même ; des réserves insuffisantes pour prévenir une inflation ou une déflation des moyens de paiement.

L'insuffisance des réserves bancaires est toujours une menace.

---

[11] Les Banques d'État étaient sous le coup de la régulation des États et non du gouvernement fédéral.
[12] Works, P 499.

L'argent sur compte chèque a échappé aux restrictions sur les réserves imposées aux billets

En Angleterre, l'insuffisance des réserves couvrant les *billets* avait à peine été remédiée en 1844 qu'elle réapparut sous la forme de réserves insuffisantes pour couvrir les dépôts. Quand Sir Robert Peel appliqua un principe de réserves de 100% à une partie des billets émis en Angleterre, les dépôts sur compte chèque n'étaient pas encore devenus un problème. Ils existaient à peine. Mais ils devinrent rapidement un problème par le biais du même abus qui avait précédemment rendu problématique les billets de banque. Il est vrai que les banques ne pouvaient plus imprimer et prêter à leurs clients des billets de banque mal couverts, mais elles pouvaient leur fournir des dépôts, ou argent sur compte chèque, mal couverts, un substitut synthétique à l'argent, et ce quasi argent pouvait circuler grâce à des chèques signés à la main quasiment aussi librement que l'ancienne forme d'argent circulait grâce à des billets imprimés.

Instinctivement, les dépôts sur compte chèque apparurent comme un recours aux banques pour contourner les restrictions sur l'émission de billets. Ce péril moderne des dépôts a ainsi pris la place de l'ancien péril des billets de banque. Du point de vue des pouvoirs publics, cette forme moderne mérite, encore plus que l'ancienne forme, l'épithète honteuse de finance sauvage.

La croissance de ce péril a été particulièrement insidieuse parce que les dépôts sur compte chèque ont été au départ dans l'esprit des hommes associés aux

« dépôts » à terme et aux « dépôts » en épargne (qui ne sont pas utilisés en tant que moyen de paiement) plutôt qu'aux billets de banque auxquels les dépôts sur compte chèque ressemblent plus. Il est vrai que le chèque n'est pas un argent « au porteur » et n'a pas cours légal. Il ne circule de main en main qu'avec le consentement spécial de la personne qui le reçoit. Ainsi, il n'est pas, contrairement aux billets de Banque Nationale, d'une même utilité dans les mains de chaque détenteur.

Mais ce fait même (que ce ne soit pas un argent au porteur) constitue une grande partie du problème, car il dissimule le statut essentiellement monétaire des dépôts en banque pouvant être transférés par chèque. Tandis que le déposant moyen imagine qu'il a « de l'argent à la banque », les banquiers savent que cet « argent » n'est en réalité qu'un « crédit », c'est-à-dire une dette de la banque envers le déposant. En conséquence, notre esprit vogue fébrilement entre l'argent en tant qu' « argent sonnant » et l'argent en tant que « crédit ». Vous le voyez à l'instant sous vos yeux puis il disparait d'un coup de baguette magique ! Ceci explique pourquoi si peu de personnes aujourd'hui réalisent que la destruction de 8 milliards d'argent sur compte chèque fut une des causes majeures de cette dépression.

Si le fait que les dépôts sur compte chèque soient de l'argent virtuel avait été mieux et plus promptement compris, ils auraient été traités comme tels depuis longtemps. Cependant, même quand le système de Réserve Fédéral fut établi, et établi dans le but même de rendre les réserves plus efficaces, le problème des réserves en couverture des dépôts a été relativement négligé. En conséquence, sous le *Federal Reserve Act,* les *billets* doivent être couverts par des réserves de 40% (en intégralité en or ou en certificats or), alors que les dépôts à vue, comme nous l'avons déjà indiqué, ont besoin d'être soutenu par des réserves de 2,5%, 3,5% et 4,5%, pas nécessairement en or mais simplement en argent ayant cours légal.

Le problème des réserves actuel

Ce quasi-argent (argent sur compte chèque) est maintenant devenu notre principal moyen de paiement, alors que les billets constituent désormais simplement notre petite monnaie, façon de parler. Le rapport annuel de la *Federal Reserve Bank* de New York pour l'année finissante au 31 décembre 1933 (pp. 18-19) dit :

« L'importance des espèces dans l'offre de monnaie aux États-Unis a décliné presque sans interruption durant les cinquante années précédent l'année 1930, alors que l'importance des dépôts bancaire, en tant que moyen de paiement, a constamment crû. En 1873 et en 1874, le montant des billets et des pièces en circulation était approximativement égal au total des dépôts dans toutes les banques commerciales. En 1880, le ratio des espèces sur les dépôts a chuté en dessous des 50%, en 1910 en dessous de 25% et en 1930 autour des 10%. Par la suite, ce ratio augmenté pour atteindre à peu près 18%, ce qui est dû en partie à une augmentation des billets et des pièces en circulation résultant en partie d'une épargne massive et en partie à la chute rapide des dépôts bancaires entre 1930 et 1933. »[13]

---

[13] On doit dire, cependant, que les chiffres ci-dessus, quoique corrects en ce qui concerne la tendance, exagèrent quelque peu l'importance relative

Des statistiques distinctes concernant les dépôts sujets à chèque sans préavis n'étaient pas disponibles avant que, suivant mes suggestions, la Commission Aldrich n'aille les chercher à grand coût dans les dossiers alors non publiés du bureau du *Controller of Currency*. Ces statistiques furent demandées en 1910 pour établir ce que j'appelais l' « équation de l'échange »[14]. Depuis lors (quoique pas parfaitement fiables), ces statistiques ont été régulièrement publiées. Cependant, il y a seulement quelques années, un gouverneur de la Réserve Fédérale admit qu'il n'avait pas connaissance de leur existence et ne savait pour ainsi dire rien de leur signification. Nous avons été si minutieux pour réguler et surveiller nos « billets et pièces », ou argent sonnant et si négligent pour réguler et surveiller l'argent sur compte chèque !

Les dépôts nécessitent plus de réserves que les billets

L'argent sur compte chèque a besoin de réserves bien plus importantes que l'argent dans les poches, à la fois parce que son volume est habituellement 6 à 7 fois plus important et parce que l'argent sur compte chèque n'est pas au porteur. En se fondant sur leurs mérites respectifs, le contraste entre les minimums légaux de réserves de 2,5%, 3 ,5% et 4,5% pour les dépôts et le minimum légal de réserves de 40% pour les billets de la Réserve Fédérale devrait être inversé parce qu'il y a

---

de la monnaie de dépôt, car ils incluent plus de types de dépôts que seuls ceux sujets aux chèques.

[14] The purchasing Power of Money, New York (Macmillan), 1911.

(d'une part) bien moins d'utilité pratique à échanger ses billets de réserve fédérale contre de l'or qu'à changer ses dépôts contre de l'argent sonnant. Les billets sont de l'argent véritable capable de circuler en toute circonstance de main en main de telle sorte que leur échange contre de l'or signifie simplement la substitution d'une forme d'argent contre une autre. Mais les dépôts ne sont pas de l'argent véritable et ne peuvent circuler en toute circonstance de main en main. Tous les jours, quelqu'un a besoin de lui substituer de l'argent véritable comme lorsqu'on « encaisse un chèque » pour payer ses employés.

En conséquence, si 2,5% ou 4,5% sont des réserves suffisantes pour les dépôts, 1% ou 2% devrait suffire pour les billets de la Réserve Fédérale. Ou, si 40% est nécessaire aux billets, bien plus que 40% devrait être requis pour les dépôts. La raison pour laquelle les minimums requis de réserve sont si inconséquents se trouve sans doute dans le passé. Les billets de banque ont depuis longtemps été le sujet d'abus – « *Wild cat banking* » - dont le souvenir dissuade les banquiers d'exploiter les billets, mais les dépôts n'ont pas laissé derrière eux une telle histoire ou de tels souvenirs. Ainsi, les dépôts sont exploités par les banquiers d'aujourd'hui comme leurs ancêtres exploitaient les billets. La présente dépression en est le résultat logique.

Mais la raison principale pour laquelle nous avons besoin pour la monnaie de dépôt d'un minimum requis de 100% se trouve dans les fluctuations de la quantité de monnaie sous le présent système. Cela ne s'applique pas de la même façon aux réserves soutenant les billets de banque. Les billets de banque imprimés après leur échange contre de l'or existent toujours et peuvent être remis en circulation. Mais l'argent sur compte chèque qui n'existe que sur les comptes du banquier, lorsqu'il est échangé contre de l'argent sonnant disparait totalement et ne peut ainsi plus être remis en circulation avant que la banque ne puisse faire un nouveau prêt ou investissement. Sous le système 100%, le volume monétaire ne dépendrait plus des prêts. Ceci est le mérite essentiel du système 100%; et la quête de la non-dépendance de l'argent face aux prêts est ce qui a poussé l'auteur du présent ouvrage à défendre un système 100%. Un membre du congrès lui avait demandé : « Ne pouvez-vous pas trouver un système qui fasse en sorte qu'atteindre le montant suffisant d'argent en circulation au sein de la nation ne dépende pas du fait que quelqu'un aille souscrire à un emprunt dans une banque ? »

Les éléments qui précèdent sont, en bref, les raisons pour lesquelles notre problème moderne de réserves concernant les dépôts est tellement plus grave que ne l'était l'ancien problème de réserve concernant les billets de banque.

Parmi les quelques tentatives pour faire face à ce problème moderne de réserves (ou comment accomplir l'interconvertibilité de l'argent sur compte chèque et l'argent sonnant) se trouve la tentative effectuée par le Canada par le biais de la loi du 28 juin 1934. Selon les termes de cette loi, toute banque au Canada peut, sous certaines restrictions, fournir à ses filiales des réserves en surplus constituées de ses propres billets qui sont ensuite gardés en coffre au cas où il y aurait des demandes urgentes de retrait. Ce n'est pas le système

100% mais c'est un pas dans sa direction. La même loi dit que les billets d'une banque canadienne, émis jusqu'à un certain point, doivent être soutenu à 100% par de la monnaie du gouvernement. Ceci est semblable à la disposition 100% de la Banque d'Angleterre et encore plus semblable aux propositions de ce livre.

Nous vivons un éternel va et vient entre réserves suffisantes et insuffisantes. Cette insuffisance est maintenant pire que jamais. Notre principe de réserves de 100%, déjà partiellement appliqué, mettrait un terme à ce va-et-vient s'il était appliqué entièrement.

Chapitre IV

Le système 100% et les dépôts

Introduction

L'industrie bancaire moderne comprend quatre fonctions principales :

- *Le change de monnaie*, comme par exemple le change en devise étrangère.
- L'émission de *billets de banque*.
- *Les facilités de dépôt sur compte chèque* qui donnent la possibilité aux déposants de payer par chèque.
- *Le prêt*, *l'emprunt* et l'investissement en général.

Beaucoup de banques aux États-Unis offrent ces quatre types de service bancaire. D'autres comme les banques d'investissement, les caisses d'épargne et les fonds en fidéicommis se concentrent sur une fonction en particulier. Les « banques commerciales » se concentrent sur les prêts à court-terme et les dépôts sur compte chèque.

Il est clair que le change de monnaie ne serait pas grandement affecté par le système 100%, de sorte qu'il n'est nul besoin d'en parler ici. En ce qui concerne *l'émission de billet*, le système 100% pourrait s'appliquer aux billets de la même manière que pour les dépôts.[15]

---

[15] Cependant voir chapitre V.

Notre attention se portera sur les dépôts sur compte chèque dans ce chapitre et les *prêts* dans le suivant. La gestion de compte chèque serait si simple et si aisée à comprendre sous le système 100% qu'elle ne demanderait pas le moindre talent financier. Comme précédemment indiqué, L'argent sujet à être transféré par chèque serait gardé dans une « banque de dépôt sur compte chèque » qui serait un département de la banque d'origine, ou affiliée à elle. Chaque banque commerciale d'origine serait ainsi divisée entre un département *banque de dépôt sur compte chèque* et un département banque de prêt et d'investissement.

Le département de prêt pourrait bien évidemment, comme n'importe quel déposant, déposer son propre argent sonnant dans la banque de dépôt sur compte chèque et le retirer ou le transférer par chèque.

Le processus par lequel la Commission Monétaire ramènerait toutes les réserves des dépôts sur compte à 100% a déjà été décrit. La Commission rachèterait une partie des actifs non monétaires des banques grâce à des crédits inscrits sur les livres de la Commission.

La Commission pourrait faire cela au mieux en passant par les *Federal Reserve Banks*, car leurs agents travaillent déjà avec les banques membres. Comme nous l'avons déjà mentionné, elle fournirait également, et de la même manière, des réserves de 100% aux *Federal Reserve Banks* elles-mêmes.

Dans ce qui suit, afin de simplifier l'exposé, nous ignorerons les banques de toute sorte en dehors du système de Réserve Fédérale. Nous ignorerons aussi l'argent émis maintenant par le Trésor des États-Unis et les dépôts bancaires lui appartenant.

Le premier jour après la mise en place du système 100%

Après la transition vers le système 100%, à quoi ressemblera notre système bancaire ? Il comprendra trois niveaux ou strates : des milliers de banques membres, douze *Federal Reserve Bank*s, et une commission monétaire au sommet.

Supposons, par pure commodité, que le nouveau système ait été mis en place d'un coup, d'un jour à l'autre. Le jour suivant la transition, il y aurait précisément en cours les mêmes prêts, les mêmes dépôts et le même total de moyens de paiement en circulation que le jour précédent. Il y aurait aussi les mêmes actifs, mais les actifs non-monétaires seraient redistribués différemment. La Commission Monétaire détiendrait désormais une partie de ceux qui étaient détenus par les *Federal Reserve Banks* et les banques membres. Et les *Federal Reserve Banks* détiendraient une partie de ceux qui étaient anciennement détenus par les banques membres.

Ainsi, Il y aurait différentes remontée d'actifs, soit du niveau inférieur au sommet, du niveau intermédiaire au sommet ou enfin du niveau inférieur au niveau intermédiaire. Dans les trois cas, une couche d'argent sonnant sera insérée entre ces actifs non-monétaires et les dépôts afin de ramener les réserves au niveau nouvellement requis de 100%. (Ce nouvel argent ainsi pris en sandwich aurait à la fois le statut d'actif pour les banques le détenant et de passif pour la commission monétaire auprès de ces mêmes banques).

Des bilans d'illustration

Les personnes habituées à étudier des bilans seront surement intéressées par les comptes hypothétiques exposés ci-dessous. Ils montrent comment chaque élément serait affecté par l'introduction subite du système 100%. Les actifs subissent des changements, les éléments du passif restent inchangés.

Le premier tableau prend en compte les 12 *Federal Reserve Banks*.

Tableau I

Bilan combiné hypothétique des 12 *Federal Reserve Banks*[16] (en milliards de dollars)

Actifs   **Passif**

	Avant	Changement	Après		Avant et après
Argent au porteur en coffre	5	+16	=6	Dépôts des banques membres chez les FRB	3
Obligations d'État	3	-1	=2	Billets de la Réserve Fédérale (moyen de paiement émis par les FRB)	3
Etc.	1		1	Capital, etc.	3
Total	9		9		9

Les deux premiers éléments du coté du passif, les dépôts et les billets représentent tout ce qui est utilisable comme argent avant et après la transition (en ce qui concerne les émissions des *Federal Reserve Banks*). Le montant total de ces deux éléments (dans ce cas imaginaire) est 6 milliards, alors que l'argent sonnant (voir le coté de l'actif) couvrant ces 6 milliards de crédit est de 5 milliards (avant l'introduction du système 100%). Il faut ajouter 1 milliards pour atteindre les 6 milliards requis, i.e. pour ramener les réserves de ces 12 *Federal Reserve Banks* à 100%. Cet ajout d'argent sonnant est accompli par la Commission Monétaire en achetant

---

[16] Nous ne prenons pas en compte les effets des remboursements compensant les pertes de profits.

aux 12 *Federal Reserve Banks* 1 milliards de leurs obligations des États-Unis. Les seuls changements sont ainsi le « +1 » et le « -1 » respectivement pour les deux premiers éléments de l'actif. *Après* ces changements, la totalité des dépôts et des billets sont couverts à 100%, i.e. par les 6 milliards d'argent sonnant.

Le tableau II montre comment les banques membres seraient affectées.

La Commission Monétaire ajouterait (voir coté actif) 12 milliards à l'argent sonnant, dont 10 milliards proviendraient de la vente d'obligation du gouvernement des États-Unis et 2 des prêts de réescompte[17]. La conséquence serait de ramener « l'argent sonnant » (la somme de deux premiers éléments) détenu par les banques *membres* de 4 milliards à 16 milliards, ce qui l'égaliserait, du coté du passif, au total des moyens de paiement (dépôts sur compte chèque et billet de banques nationaux) émis par les banques *membres* et circulant parmi le public, c'est-à-dire circulant en dehors des banques. (Le tableau I indique 3 milliards de billets de Réserve fédérale ce qui fait en tout 19 milliards de moyens de paiement disponible au public).

Les deux premières lignes d'actifs et de passifs, représentant respectivement les 16 milliards en circulation chez le public et les 16 milliards de réserves

---

[17] En pratique, je préfèrerais de pas permettre à la commission monétaire de réescompter les prêts, i.e. acheter des titres de créances, mais restreindrais ses achats aux obligations d'État. Dans ce chapitre, cependant, j'ai voulu illustrer tous les types d'opération possible.

intégrales en argent sonnant (après la transition),
constitueraient les bilans combinés des départements de
dépôt sur compte chèque des banques. Tout ce qui se
situe en dessous de ces deux lignes constituerait les
bilans combinés du reste, c'est-à-dire des départements
de prêt de la banque.

Tableau II

Bilan hypothétique des banques membres (en
milliards de dollars)

Actifs / Passif

	Avant	Changement	Après		Avant et après
Argent au porteur en coffre	1	+12	13	Dépôts sur compte chèque	15
Reserve (chez les FRB)	3		3	Billets de banque nationaux	1
	4		16	Total des moyens de paiements émis par les banques membres	16
Obligations U.S	10	-10	=0	Dépôts à terme	21
Prêts	20	-2	18	Capital, etc.	7
Etc.	10	10	10		
	44		44		44

Le tableau suivant illustre le bilan de la Commission Monétaire résultant de cette transition :

Tableau III

Bilan hypothétique de la Commission Monétaire (en milliards de dollars)

Actif		Passif	
Obligation U.S[18]	11	Monnaie de la Commission[19]	13
Prêts[20]	2		
	13	13	

Les chiffres essentiels

Le total des moyens de paiement en circulation au sein du public[21] représenté sur ces tableaux serait de 19 milliards de dollars. Ce serait vrai à la fois avant et après l'insertion des 13 milliards de dollars de la Commission Monétaire (i.e. l'insertion d'1 milliard dans les réserves des Federal Reserve Banks et de 12 dans les réserves des banques membres). Ces 19 milliards seraient constitués de trois parties : les 3 milliards de billet de la Réserve Fédérale (voir au tableau I du coté du passif), les 1 milliards de billet de banque nationaux (voir tableau II coté passif) et les 15 milliards de dépôts sur

---

[18] Voir le « -1 » du Tableau I (coté actif, colonne du milieu) et le « -10 » du Tableau II (coté actif, colonne du milieu).
[19] Voir le « +1 » du Tableau I (coté actif, colonne du milieu), et le « +12 » du Tableau II (coté actif, colonne du milieu).
[20] Voir « -2 » du Tableau II (coté actif, colonne du milieu.
[21] Les dépôts des banques membres au sein des Federal Reserve Banks ne sont, bien sur, pas pris en compte ici car ce sont seulement des éléments interbancaires.

compte chèque (Voir tableau II, coté passif).

On peut tabuler ces trois chiffres qui sont les plus importants pour ce chapitre de la façon suivante :

Tableau IV

En circulation publique (en milliards de dollars)

	Avant	Après
Billets de la Réserve Fédérale	3	3
Billets de banque nationaux	1	1
	4	4
Argent sur compte chèque	15	15
	19	19

Ainsi, comme indiqué dans les tableaux hypothétiques qui précèdent, le total d'argent sonnant (argent dans les poches) de la nation en circulation au sein du public serait (à la fois « avant » et « après ») de 4 milliards et le total d'argent sur compte chèque serait (à la fois « avant » et « après ») de 15 milliards. Mais le statut de cet « argent » sur compte chèque « après » serait très différent de ce qu'il était « avant ». Après l'adoption de réserve de 100%, nous pourrions cesser d'user des guillemets autour du mot « argent », car, à tout point de vue, cet argent sur compte chèque serait de l'argent dans son intégralité ; de l'argent en dépôt et non plus comme avant seulement une partie en argent et la majeure partie en simples promesses de fournir de l'argent sonnant à la demande.

De toute évidence, dans cette illustration, l'insertion de 13 milliards de monnaie de la Commission

Monétaire n'ajoute pas le moindre dollar à l'argent circulant en dehors des banques au sein du public. Elle ne fait qu'insérer un nouvel et essentiel engrenage au sein des rouages bancaires, afin de s'assurer que ces rouages fonctionnent sans difficulté quelque soit la situation, spécialement lorsque les déposants redemandent leur argent. Avant cette insertion, l'argent sonnant dans les banques, comme indiqué dans les tableaux, ne s'élevait qu'à 6 milliards dont 5 dans les *Federal Reserve Banks* et 1 milliard dans les banques membres (voir au tableau II, coté actif). Ces réserves insuffisantes de 6 milliards sont désormais ramenées à 100%, i.e. à 19 milliards grâce au 13 milliards de la commission monétaire, 12 allant aux banques membres et 1 à la Réserve Fédérale.

Ni les réserves de 6 milliards avant le changement, ni les réserves de 19 milliards après ne font parti des moyens de paiement en circulation au sein du public mais procurent simplement la couverture, reposant en banque, à cette circulation. Avant ce changement, des réserves en argent sonnant de seulement 6 milliards (dont 5 au sein des *Federal Reserve Banks* et 1 au sein des banques membres) couvraient 19 milliards de masse monétaire en circulation en dehors des banques. Après ce changement, des réserves de 19 milliards au sein du système bancaire couvrent 19 milliards en dehors.

Les opérations de dépôt après le premier jour

Nous en avons désormais dit assez en ce qui concerne ce premier jour.

Après ce premier jour, la fonction de prêt et la

fonction de dépôt seraient séparées chez toutes les banques existantes et conduites par deux banques différentes (ou département de la même banque), l'une étant la nouvelle banque ou département de dépôt sur compte chèque. Le département de prêt, comme nous l'avons observé, déposerait son propre argent sonnant au département de compte chèque et le transférerait par chèque comme n'importe quel déposant. Le déposant effectuerait les mêmes opérations qu'auparavant. Il signerait des chèques, recevrait des chèques, encaisserait des chèques et déposerait soit des chèques soit de l'argent sonnant au département de dépôt sur compte chèque, exactement comme avant. Mais ni lui ni les banques ne pourraient plus faire croître ou décroître le total des moyens de paiement de la nation, dont la totalité serait désormais de l'argent réel et non plus imaginaire.

Tout chèque signé par Mr Smith transférerait seulement la part de Mr Smith de l'argent détenu dans les coffres de la banque, et jamais, même en partie, la part de quelqu'un d'autres. Tout chèque qu'il recevrait de Mr Jones représenterait de la même façon ce qu'était la part de Mr Jones de l'argent détenu dans les coffres de la banque et lui serait désormais transféré. Si Mr Smith déposait ces chèques, il autoriserait simplement la banque à enregistrer ce transfert de propriété au sein de l'argent détenu dans les coffres de la banque. S'il encaissait un chèque, il retirerait simplement une partie de son propre argent sonnant jusqu'alors gardé en coffre pour le mettre dans sa poche ou sa caisse. Si, finalement, il déposait de l'argent sonnant, il retirerait de l'argent sonnant de sa poche ou de sa caisse et le placerait en coffre pour qu'il y repose, entreposé et soit disponible à tout moment pour être transféré par chèque.

Ces flux réciproques entre argent sur compte chèque et argent dans les poches n'auraient comme effet que de changer l'endroit où l'argent est gardé. Cela pourrait aller jusqu'à n'importe quel point sans que cela n'affecte le montant total de l'argent de la nation. Par exemple, pour revenir à nos tableaux d'illustration (Voir spécialement au tableau IV), si, tout d'un coup, 10 milliards de dépôt étaient exigés en argent sonnant, monnaie de la Commission Monétaire, la part d'argent dans les poches dans l'argent en circulation serait augmentée de 10 milliards (de 4 à 14) tandis que l'argent sur compte chèque serait réduit de ces mêmes 10 milliards (de 15 à 5). Le montant total de l'argent circulant au sein du public (i.e. en dehors des banques) se maintiendrait à 19 milliards (i.e. passerait de 4+15 à 14+5). En toute circonstance, aucune opération de prêt impliquant les banques ou leurs clients ne pourrait changer ce montant. Seule la Commission Monétaire pourrait faire cela. Le retrait en argent sonnant des dépôts ne pourrait pas non plus affaiblir les réserves des banques couvrant les dépôts restant. Elles resteraient de 100%. Un retrait de 10 milliards impacterait uniquement les comptes chèques des banques en passant de 15 milliards de dépôts sur compte chèque couverts par 15 milliards à 5 couverts par 5.

Les retraits d'argent sous le système 10%

La différence avec notre système 10% actuel fondé sur des réserves insuffisantes est évidemment importante. Sous le système 10%, les actes de la banque et de ses clients affectent le ratio de réserve et, ce qui est bien plus important, affectent le montant total de monnaie en circulation car les dépôts croissent et décroissent avec les prêts.

Bien que nous ayons déjà insisté plusieurs fois sur ce point là, c'est une partie si essentielle du tableau qu'elle sera encore une fois mise en avant à partir des chiffres tirés des tableaux illustratifs précédents. Le lecteur qui le désire peut aisément constituer pour lui-même les bilans appropriés pour chaque étape de l'analyse qui suit.

Initialement, il est clair, si l'on se réfère aux deux premiers tableaux, que sous ce qui a été appelé le système 10% (première colonne des actifs), le retrait de 10 milliards en argent sonnant d'un seul coup serait impossible car un tel montant d'argent sonnant n'existe pas au sein du système. Mais Imaginons un retrait plus progressif, d'abord un milliard puis un autre, et suivons les conséquences d'un tel changement des deux cotés du bilan.

Evidemment, 1 milliard de dollar peuvent être retirés facilement. Cela épuisera peut-être le milliard en argent sonnant en coffre au sein des banques membres (Tableau II) mais celles-ci auraient toujours 3 milliards en dépôts chez les *Federal Reserve Banks* que ces dernières pourraient leur fournir aisément grâce aux 5 milliards qu'elles ont en coffre (Voir Tableau I).

Les banques membres détiendraient alors 3 milliards en argent sonnant et 14 milliards de dépôts sur compte chèque en cours (i.e. 15, voir tableau II, coté passif, moins les 1 juste retirés). Le montant total d'argent sonnant en circulation dans les poches du public seraient de 1 milliards de plus qu'auparavant soit 5 milliards (Il était de 4 auparavant – Voir Tableau IV).

Le montant total des moyens d'échange reste cependant inchangé (19, ou 14 plus 5). Le volume des prêts n'a lui non plus pas besoin d'être perturbé. Néanmoins, bien que le montant total en circulation, dans ce cas, ne soit pas affecté aussi bien sous un système 10% que sous un système 100%, il y a un petit point noir au tableau : Le ratio de réserve serait réduit.[22]

---

[22] Ce qui suit est dirigé à l'intention de tout lecteur qui souhaiterait suivre à la loupe les illustrations numériques montrant comment le ratio de réserve est affecté.

Sous le système 100%, les réserves auraient été maintenues, comme cela a été vu, à 100%. Par exemple, sous ce système, le ratio de réserve des banques membres aurait été, avant le retrait d'1 milliard en argent sonnant, de 15 pour 15, et après le retrait, de 14 pour 14 ; de 100% dans les deux cas.

Sous le système 10%, par contre, le ratio de réserve serait, avant le retrait de 4 pour 15 (soit 27%) et après le retrait de 3 pour 14 (soit 21%). La raison mathématique expliquant une telle divergence de l'évolution des ratios de réserves sous les deux systèmes est évident. Une réduction identique entre deux nombres égaux (15 et 15) ne change pas leur ratio, mais une réduction identique entre deux nombres différents (4 et 15) a pour effet de le changer.

Un second milliard pourrait de la même manière être retiré sans affecter les moyens de paiement du public. Ils seraient toujours de 19 milliards (la partie en argent sonnant étant maintenant de 6 et celle des dépôts de 13). Mais le ratio de réserve (déjà descendu à 3 pour 14, soit 21%) tomberait désormais à 2 pour 13 (soit 15%).

Un troisième milliard retiré ferait chuter le ratio de réserve à 1 pour 12 sans pour autant réduire le montant des moyens d'échange de la nation. Cependant, ce ratio de 1 pour 12 (à peu près 8%) est en dessous du minimum légal de 10%. Cependant, les banques pourraient quand même restaurer leur ratio de 10% ou plus car les Federal Reserve Banks, par des « opérations d'Open Market », pourraient acheter 1 milliard d'obligation appartenant aux banques membres en payant, disons, en argent sonnant (en réduisant ainsi leur propre réserve). Les réserves des banques membres seraient à nouveau de 2 et le ratio de réserve ainsi ramené à 2 pour 12 (soit

A mesure que les réserves des banques membres s'approchent de leur minimum légal, 10%, les *Federal Reserve Banks* pourraient les augmenter en achetant aux banques membres des actifs contre de l'argent sonnant, réduisant ainsi les réserves des *Federal Reserve Banks* elles mêmes, jusqu'au point où finalement les réserves des banques membres atteindront éventuellement les 10% et celles des *Federal Reserve Banks* les 35%.

A partir de ce moment, le seul recours des banques membres pour obtenir plus d'argent sonnant serait de l'obtenir auprès du public. Mais le problème était justement que le public lui-même voulait obtenir plus

---

17%). Le montant total des moyens d'échange en circulation au sein du public resterait de 19 (argent sonnant : 7, dépôts : 12).

Les banques membres pourraient alors, grâce à l'argent sonnant injecté, fournir encore un autre milliard et ainsi augmenter l'argent dans les poches au sein du public d'1 milliard sans changer le total d'argent en circulation. Les réserves chuteraient à 1 à nouveau, les dépôts chuteraient à 11 et le ratio de réserve à 1 pour 11 (soit 9%). Le total des moyens d'échange en circulation resteraient de 19 (argent sonnant : 8, dépôts : 11).

Le ratio de réserves serait à nouveau trop bas pour se conformer avec la loi. Pour y remédier, un autre milliard pourrait, si nécessaire, être accordé par la Réserve fédérale, par le biais d'opérations d'Open Market. Ainsi l'argent sonnant des banques membres serait ramené à 2 encore une fois. Les dépôts resteraient de 11. Le ratio de réserves serait de 2 pour 11 (soit 18%). L'argent en circulation de 19 (argent sonnant : 8, dépôts : 11). Mais chaque milliard successivement dépensé par les Federal Reserve Banks affaiblit désormais dangereusement son propre ratio de réserve, c'est-à-dire le ratio de son argent sonnant sur les dépôts détenus au passif.

Supposons alors que la Réserve Fédérale refuse d'aider plus que le dernier milliard mentionné. On supposera encore que les banques membres laissent filer un autre milliard à des déposants insistants. L'argent sonnant des banques serait maintenant de 1. Les dépôts de 10 (i.e. 10%). L'argent en circulation, toujours 19 (argent sonnant : 9, dépôts : 10). Maintenant, cependant, les banques ne peuvent tout simplement pas aller plus loin. Toutes leurs cartouches seraient épuisées. Elles seraient descendues à des réserves de 10% et comme nous l'avons dit, la Réserve Fédérale n'accorderait plus la moindre aide.

d'argent sonnant des banques ! Une bataille entre les banques et le public pour l'argent sonnant débute alors.

Les banques obtiennent l'argent sonnant du public en rappelant des prêts tel que les prêts au jour le jour, en refusant de renouveler les prêts arrivant à échéance, ou en vendant au public certains de leurs investissements. Elles demandent de l'argent sonnant dans le but de satisfaire la demande d'argent sonnant de leurs déposants de telle sorte que l'argent sonnant qu'elles fournissent *n'ajoute désormais rien au montant d'argent sonnant entre les mains du public*, car il doit provenir à l'origine du public lui-même. La banque vole Peter pour payer Paul. Mais les dépôts, bien sûr, décroissent à chaque retrait, de manière à ce que *le montant total des moyens de paiement dans les mains du public décroît à mesure que décroissent les dépôts.*

Dans cet exemple, à partir du moment où elles commencent à rapatrier de l'argent sonnant depuis le public dans le but de payer le public en argent sonnant, les banques causent une déflation. Si, en vendant des actifs non-monétaires contre de l'argent sonnant, elles obtiennent 1 milliard du public dans le but de fournir en argent sonnant les déposants exigeant un retrait, ces dépôts se réduiront de 1 milliard, de 10 à 9, tandis que, cette fois, il n'y aucune compensation en argent sonnant, qui se maintient à 9. Ainsi, l'argent sur compte chèque décroît de 1 tandis que l'argent sonnant au sein du public reste inchangé. De cette manière, les moyens d'échange en circulation sont réduits de 1 milliard, de 19 à 18. En conséquence, on aura : Réserve, 1, Dépôts, 9, ratio de réserve, 1 pour 9 (soit 11%), argent en circulation, 18 (argent sonnant : 9, dépôts, 9).

Tableaux d'illustration

Nous allons maintenant pouvoir revoir la série précédente d'étape concernant les retraits en argent sonnant, etc. grâce aux tableaux qui suivent, poussant un peu plus loin les évènements.

Tableau V

Lien entre prêts et argent en circulation sous un système 10%.

	Ratio de réserve chez les banques membres	Argent dans les poches	Argent sur compte chèque	Total
Suite à un retrait d'1 milliard du public	3 pour 14 (21%)	5	14	19
Suite à un retrait d'1 milliard du public	2 pour 13 (15%¨)	6	13	19
Suite à un retrait d'1 milliard du public	1 pour 12 (8%)	7	12	19
Suite à 1 milliard fourni par la Réserve Fédérale	2 pour 12 17%)	7	12	19
Suite à un retrait d'1 milliard du public	1 pour 11 (9%)	8	11	19
Suite à 1 milliard fourni par la Réserve Fédérale	2 pour 11 (18%)	8	11	19
Suite à un retrait d'1 milliard du public	1 pour 10 (10%)	9	10	19
Suite à 1 milliard rappelé par les banques et 1 milliard retiré par le public	1 pour 9 (11%)	9	9	18
Suite à 1 milliard rappelé par les banques et 1 milliard retiré par le public	1 pour 8 (12%)	9	8	17
Suite à 1 milliard rappelé par les banques et 1 milliard retiré par le public	1 pour 7 (14%)	9	7	16
Suite à 1 milliard rappelé par les banques et 1 milliard retiré par le public	1 pour 6 (17%)	9	6	15

Le tableau ci-dessus illustre le type de déflation qui a eu lieu aux États-Unis depuis 1929.

Le tableau VI (ci-après) montre que sous un système 100%, une telle déflation ne pourrait avoir lieu, qu'il n'y aurait besoin ni de la moindre aide de la Réserve Fédérale ni de voir les banques prendre de l'argent au public pour satisfaire les demandes du public.

Tableau VI

Liens entre prêts et argent en circulation sous un système 100%.

	Ratio de réserve chez les banques membres	Argent dans les poches	Argent sur compte chèque	Total argent en circulation
Suite à un retrait d'1milliard du public	14 pour 14 (100%)	5	14	19
Suite à un retrait d'1milliard du public	13 pour 13 (100%)	6	13	19
Suite à un retrait d'1milliard du public	12 pour 12 (100%)	7	12	19
Suite à un retrait d'1milliard du public	11 pour 11 (100%)	8	11	19
Suite à un retrait d'1milliard du public	10 pour 10 (100%)	9	10	19
Suite à un retrait d'1milliard du public	9 pour 9 (100%)	10	9	19
Suite à un retrait d'1milliard du public	8 pour 8 (100%)	11	8	19
Suite à un retrait d'1milliard du public	7 pour 7 100%)	12	7	19
Suite à un retrait d'1milliard du public	6 pour 6 (100%)	13	6	19

Suite à un retrait d'1 milliard du public	5 pour 5 (100%)	14	5	19
Suite à un retrait d'1 milliard du public	4 pour 4 (100%)	15	4	19
Suite à un retrait d'1 milliard du public	3 pour 3 (100%)	16	3	19
Suite à un retrait d'1 milliard du public	2 pour 2 (100%)	17	2	19
Suite à un retrait d'1 milliard du public	1 pour 1 (100%)	18	1	19
Suite à un retrait d'1 milliard du public	0 pour 0 (100%)	19	0	19

Ces longs tableaux sont donnés pour qu'il soit admis comme hors de doute le fait extrêmement important que c'est le système de réserves insuffisantes (10%) qui (après un temps durant lequel le ratio de réserve chute) entraine la déflation des moyens de paiement dans certaines circonstances, tandis qu'aucun fait similaire ne pourrait jamais exister sous un système 100%. Quelque soient les perturbations, les moyens de paiement se maintiendraient à 19 milliards – malgré, par exemple, de la surproduction, du surendettement, un mauvais ajustement entre les prix agricoles et industriels, un excès de confiance, une mauvaise gestion bancaire, des faillites bancaires. Quoiqu'il puisse arriver d'autre, une tragédie telle que la récente destruction de 8 des 23 milliards d'argent sur compte chèque, avec pour conséquence l'interruption de notre création et échange de richesses, d'innombrables faillites et des dizaines de millions de chômeurs, ne pourrait arriver. En un mot, les réserves de 10% sont le maillon faible de notre système monétaire

La bataille pour l'argent sonnant

Sous le système 10%, une fois que la déflation commence, elle a tendance à s'aggraver. Les moyens de paiement du public chutent de 19 à 18, de 18 à 17, de 17 à 16 et ainsi de suite, à cause de la destruction des dépôts et cette chute sera accélérée par l'action des banques dans leur bataille avec le public pour l'argent sonnant.

Au sein de cette bataille, les banques ne se contenteront pas d'obtenir de l'argent du public simplement assez rapidement pour le rendre au public. Dans la plupart des cas, elles l'obtiendront plus vite que ça, de manière à être dans une position « plus liquide » pour affronter la tempête. Elles vont naturellement dire au client qu'elles doivent faire ça pour le protéger, ce qui est en partie vrai. Mais le motif principal des banques est de sauver leur propre peau, et cela résulte au final en une augmentation de leur réserve en argent sonnant *au détriment des moyens de paiement du public*. En effet, elles deviennent à ce moment l'ennemi du public.

Elles ne se contentent pas de « voler Peter pour payer Paul », mais elles voleront 10$ à Peter en moyenne pour payer 1$ à Paul. Ainsi, pour tout dollar que le public obtient, c'est 10$ de dépôt qui disparaisse car chaque dollar de réserve a été prêté 10 fois, comme expliqué au Chapitre III.

Et les banques n'y peuvent rien. Le public a plutôt tort lorsqu'en temps de dépression, il blâme les banquiers en tant que personne. C'est le système bancaire, le système 10%, qui est en faute. Sous ce système, *les banquiers ne peuvent faire autrement que de détruire de l'argent quand il devrait être créé, c'est-à-dire pendant une dépression, tandis que pendant un boom elles créent de l'argent quand il devrait être détruit.*

Dans le Chapitre II, il a été indiqué qu'entre 1929 et 1933, l'argent dans les poches du public avait augmenté d'1 milliard de dollar tandis que l'argent sur compte chèque avait été réduit de 8 milliards. Mais une réduction la quantité d'argent n'est pas la seule sorte de déflation. En plus de provoquer une déflation des moyens de paiement, la bataille pour l'argent sonnant a pour conséquence un ralentissement de sa vélocité, un autre type de déflation. Ce que nous appelons la « thésaurisation » est simplement une vélocité proche de zéro. La thésaurisation n'est pas une forme indépendante de déflation. Elle est principalement causée par la bataille pour l'argent sonnant. S'il n'y avait pas de bataille pour l'argent sonnant, il n'y aurait que très peu d'incitation à thésauriser.

Les conséquences graves de cette déflation à deux faces – la quantité et la vélocité - seront développées dans le chapitre VII.

Déposer de l'argent sous le système 10%

Nous avons maintenant vu la différence de l'impact

des *retraits* en argent depuis les comptes chèques entre les systèmes 10% et 100%. Un système implique la déflation, l'autre non.

Les deux systèmes sont tout aussi différents en ce qui concerne les *dépôts* d'argent sur les comptes chèques. Un système implique l'inflation, l'autre non.

Sous le système 100%, bien sûr, déposer son argent sonnant sur un compte chèque est purement une question de commodité et de sécurité. L'argent est de cette façon simplement pris de nos poches pour être déposé sur un compte chèque. La quantité reste inchangée.

Mais sous le système 10%, il y a de la dynamite sous un tel dépôt en argent sonnant. Les effets dépendent grandement du marché du prêt. Si, pour une quelconque raison, la banque est incapable ou non-désireuse de prêter, elle peut accumuler de l'argent sonnant de manière à ce que l'effet soit, pour un temps, d'augmenter le ratio de réserve au lieu d'augmenter les moyens de paiement.

Cependant, une fois que la banque a des réserves excédentaires substantielles au dessus de 10%, elle cèdera probablement à la tentation de faire des profits grâce a ces fonds inexploités. A partir de ce moment précis, les prêts (ou investissements) s'accroîtront et avec eux les dépôts sur compte chèque. Ceci signifie une inflation, et cette inflation du volume des moyens de paiement s'accompagne d'une inflation de sa vélocité. Les conséquences graves de cette inflation à deux faces seront développées lors du chapitre VII.

Le processus est alors à l'opposé de ce qui vient d'être décrit en ce qui concerne les retraits en argent sonnant et si cela valait la peine, les données illustratives correspondantes pourraient être indiquées.

Le système 10% est ainsi fait pour balancer dans un sens puis dans l'autre, provoquant une sorte de « cycle économique », dont la caractéristique principale est l'absorption et le relâchement de réserve excédentaire. Un ami tourna cela de cette façon expressive « Le système 10% dynamite les booms et déprime les dépressions ». Le moyen d'éviter ce mouvement balancier est à l'évidence qu'il n'y ait pas d'excédents à absorber ou à relâcher, soit, pour faire court, d'augmenter les réserves depuis 10% à 100% et les garder à ce niveau.

Chapitre V

Le système 100% et les prêts

Nous avons maintenant vu comment fonctionneraient les opérations de dépôt sous un système 100%, auquel nous y avons opposé le système 10%. Mais peu a encore était dit concernant les prêts sous le système 100%.

Les détails concernant les opérations de souscription et de remboursement de dette seraient substantiellement les mêmes qu'aujourd'hui. Pour obtenir son prêt, l'emprunteur remettrait son titre de créance au département de prêt et recevrait un chèque au département de dépôt sur compte chèque qu'il déposerait. Quand plus tard, il aura assez d'argent pour rembourser son prêt, il remettra un chèque au département de prêt de la banque et reprendra possession de son titre de créance, annulé. Alors, le département de prêt déposerait ce chèque ce qui transférerait au profit du département de prêt la possession de l'argent de l'emprunteur reposant en banque.

Une question importante demeure. D'où viendraient les fonds prêtables après le premier jour, i.e. où le département de prêt d'une banque obtiendra-t-elle ses fonds prêtables ? Comme nous l'avons déjà indiqué, il y aurait encore (1) le capital de la banque de prêt, (2) l'épargne de certains déposants, (3) les remboursements de certains emprunteurs. Mais cela serait-il assez flexible ? En un mot, si les banques n'ont plus le droit de créer de l'argent de toute pièce pour prêter, l'offre de monnaie à prêter ne chuterait-elle pas nécessairement ou, en tout cas, manquerait de grandir alors même que le milieu des affaires le demande ?

La réponse est : non, le volume de prêt de la nation, en plus d'être libéré de variations capricieuses à la hausse ou à la baisse, comme nous l'avons déjà mis en lumière : (1) ne baisserait pas nécessairement et (2) serait capable d'augmenter légitimement, et ceci indépendamment d'un agrandissement du volume d'argent sur compte chèque. Voyons de quelle manière.

Le système 100% ne ferait pas chuter le volume de prêts bancaires

En ce qui concerne le premier de ces deux points, la stabilisation du volume existant de prêts ne nécessiterait aucune création monétaire par qui que ce soit. Les fonds prêtés quotidiennement seraient (comme ils le sont en temps normal sous le système 10%) égaux aux fonds provenant du remboursement des anciens prêts.

On se souviendra que le nouveau système débutera avec un volume de prêt juste aussi important que ce qu'il était la veille au soir sous l'ancien système.

Pour fixer nos idées grâce à des données illustratives, supposons que le jour suivant l'établissement du système 100%, le montant total d'argent en circulation dans le pays était de 19 milliards (dont 15 étaient en dépôt sur compte chèque) et supposons en plus que les prêts bancaires s'élevaient à 20 milliards. Voyons comment les prêts pourraient être maintenus à 20 milliards.

Les flux de fond depuis les prêts remboursés en direction des nouveaux prêts accordés se font souvent au sein de la même banque et sont très directs. Nous allons cependant commencer avec le cas le plus indirect possible, afin d'exposer l'ensemble de la mécanique du système 100%.

2 des 20 milliards des titres de créance ont été supposés avoir été achetés (réescomptés) par la Commission Monétaire et être désormais en sa possession. Nous observerons tout d'abord comment le montant de 2 milliards de dollars peut être maintenu.

Mr Smith demande au département de prêt de sa banque de New Haven au Connecticut, un prêt de 10 000$. La banque de New Haven décide d'accorder ce prêt à Mr. Smith mais supposons qu'elle ait déjà prêté tout son propre capital et ne connait pas d'autres sources de fonds hormis la *Federal Reserve Bank* de Boston, à qui elle demande de réescompter le titre de créance de Mr. Smith. La *Federal Reserve Bank* de Boston à son tour décide se tourner vers la Commission Monétaire à Washington pour réescompter le titre de créance de Mr. Smith. La Commission Monétaire, supposons, dispose déjà des fonds et les envoie à la *Federal Reserve Bank* de Boston qui, à son tour, les envoie à la banque de New Haven qui, à son tour, les dépose dans le département de dépôt sur compte chèque de sa banque et les transfère par chèque à Mr. Smith, l'emprunteur.

Mais d'où la Commission Monétaire tire-t-elle ses

fonds ? Nous supposons ici qu'elle ne les obtienne pas grâce à de l'argent créé de toute pièce mais grâce aux remboursements de prêts dont la Commission Monétaire avait pris possession lors de l'établissement du nouveau système.

Parmi les remboursements de prêts dus à la Commission Monétaire se trouvaient 10 000$ provenant de Mr Jones d'Oakland en Californie. Ainsi, quand le prêt de Jones arriva à échéance, il remboursa la banque d'Oakland qui remboursa la *Federal Reserve Bank* de San Francisco (qui avait précédemment réescompté le prêt de la Banque d'Oakland) et la *Federal Reserve Bank* de San Francisco remboursa la Commission Monétaire (qui a réescompté ce prêt à la *Federal Reserve Bank* de San Francisco, i.e. l'a acheté lors de l'établissement du nouveau système).

Ainsi, en effet, Mr Jones d'Oakland en remboursant son emprunt fournit ,par les voies indirectes ici supposées, les fonds devant être prêtés à Smith de New Haven, les fonds voyageant depuis Jones en passant par deux banques vers la Commission Monétaire puis redescendant en passant par deux autres banques vers Smith à New Haven.

Evidemment, de tels remboursements de prêt, par le biais de la Commission Monétaire, pourraient fournir les fonds suffisants de nouveaux prêts pour maintenir indéfiniment le total de prêt de la Commission Monétaire à 2 milliards.

Les 18 milliards de prêt restant, appartenant non pas à la Commission Monétaire mais aux *Federal Reserve banks* et aux banques membres, pourraient être perpétués de la même manière, à savoir en prêtant à nouveau à d'autres débiteurs les fonds provenant du remboursement d'anciens prêts dans quelque banque que ce soit.

Il n'y aurait ainsi aucune difficulté à obtenir l'argent suffisant à effectuer de nouveaux prêts grâce aux remboursements des anciens prêts, suffisant signifiant maintenir le volume préexistant de prêts (20 milliards).

Il n'est pas nécessaire, bien évidemment, afin de maintenir stable le volume préexistant de prêts, de faire correspondre un ancien de prêt de Jones pour tout nouveau prêt de Smith, tant que le volume total des prêts remboursés correspond au volume total de nouveaux prêts accordés.

Même sous notre système actuel, la grande majorité des nouveaux prêts sont des renouvellements de prêts échus soit au même emprunteur, soit à un autre, ce qui revient ici au même car c'est la continuation d'un prêt échu en le transférant, lorsqu'il est remboursé, à de nouveaux emprunteurs.

Mais, sous le système actuel (10%), nous nous fions à notre bonne étoile pour voir correspondre convenablement les prêts échus et les prêts nouvellement accordés et nous laissons ainsi les banques libres de mettre à mal cette équivalence. Elles peuvent même presque toutes s'arrêter de prêter ensembles ; non pas parce que les entreprises n'ont plus besoin de l'argent mais parce que les banques en ont besoin elles-mêmes pour renforcer leurs réserves insuffisantes, comme nous l'avons montré lors du chapitre précédent.

Sous le système 100%, comme nous l'avons vu, il n'y aurait pas de telle ingérence et une telle bataille pour l'argent sonnant entre les banques et le public. Pour cette seule raison, le système 100% serait plus à même de fournir l'offre nécessaire de fonds prêtables (et de façon plus profitable pour les banques) que le système 10%. *C'est sous le système 10%, et non sous le 100% que le volume de fonds prêtables s'effondre fréquemment.*

Raccourcis

Nous avons vu comment la Commission Monétaire pourrait fonctionner en utilisant l'argent remboursé des prêts échus pour le prêter à de nouveaux débiteurs. Cependant, dans la pratique, la Commission Monétaire aurait rarement besoin de fonctionner de cette façon. Comme nous l'avons indiqué, la Commission Monétaire a été mis au centre de la démonstration principalement par soucis d'exposition. Mais dans les faits, elle n'aurait pas une place aussi centrale, et même si elle prenait une place aussi centrale au départ, elle s'effacerait rapidement presque complètement. Immédiatement, une tendance à ne pas faire remonter les nouveaux prêts (titres de créance) à la Commission Monétaire par le biais du réescompte verrait le jour. Cette tendance apparaîtrait dans le but de raccourcir le circuit suivi par l'argent pour voyager de Jones jusqu'à Smith. Leurs banques, pour faire l'économie des coûts impliqués par le passage par 5 intermédiaires, se mettraient à la recherche de moyens pour raccourcir les flux de fonds, comme elles le font aujourd'hui.

Avant tout, il y a aurait une tendance à passer outre la Commission Monétaire en tant qu'intermédiaire, parce qu'il serait simple pour les *Federal Reserve Banks* de San Francisco et de Boston de se mettre en contact et de voir, par téléphone ou autrement, que l'une détient d'importants fonds prêtables alors que l'autre subit une forte demande de fonds prêtables. En faisant affaire directement, elles élimineraient la Commission Monétaire en tant qu'intermédiaire dans la plupart des transactions.

D'autres raccourcis seraient également trouvés. Les banques membres entreraient de même en contact (comme elles le font actuellement), spécialement au sein du même *Reserve District*, de façon à éliminer, autant que possible, les coûts liés à l'intermédiation des *Federal Reserve Banks*.

Par exemple, la Commission Monétaire, au lieu d'utiliser les fonds rentrant pour réescompter les titres de créance de Smith de New Haven, comme nous l'avons supposé précédemment, pourrait utiliser ces mêmes fonds pour acheter une partie des obligations restantes à la *Federal Reserve Bank* de Boston. Cela mettrait la banque de Boston en la possession de ces fonds, de manière à ce qu'elle puisse escompter le titre de créance de Smith. Dans ce cas, le titre de créance de Smith ne voyagerait que de New Haven à Boston et s'arrêterait là, au lieu d'aller à Washington comme nous l'avions supposé.

Il serait même possible de s'épargner cette opération d'escompte si, de la même manière, la *Federal Reserve Bank* de Boston achetait des obligations à la banque de

New Haven de manière à ce qu'elle ait les fonds à prêter à Smith, sans devoir effectuer la moindre opération d'escompte. De tels raccourcis apparaîtraient progressivement à mesure que les banques tenteraient d'interagir le plus directement possible, tout comme aujourd'hui. La Commission Monétaire, grâce à ces opérations d' « Open Market », acquerrait progressivement des obligations des États-Unis et d'autres titres à la place de titres de créance privés, et laisserait, autant que possible, les banques s'occuper des affaires bancaires (opérations d'escomptes).

Par ces biais et bien d'autres, les débiteurs atteindraient, dans la plupart des cas, comme cela se fait aujourd'hui, les prêteurs avec les moindre coûts possibles d'intermédiation. A terme, la majeure partie des emprunts et des prêts se ferait au sein du même groupe de clients d'une même banque, le seul intermédiaire étant la banque. Ceux qui auraient de l'argent à prêter le déposeraient sur un compte épargne ou à terme (ce qui, comme nous le savons, signifie vraiment prêter cet argent à la banque et renoncer à tout privilège de paiement par chèque), et la banque le prêterait à nouveau à ses débiteurs.

A terme, la Commission monétaire n'aurait alors plus souvent l'occasion de réescompter des billets à ordre. Dans les cas où le réescompte serait autorisé, ce serait en tant que valve de sécurité dans les cas où les banques ne peuvent pas par elles-mêmes accéder à des fonds en volume suffisant ou suffisamment rapidement.

Ce serait le rôle de la Commission Monétaire de faire en sorte que les besoins légitimes des créditeurs et des débiteurs soient satisfaits, même s'il faut pour cela qu'elle vende des actifs ou qu'elle en achète (obligations, etc..).

On voit que le mouvement initial de volumes importants de prêts vers ou depuis la Commission Monétaire serait temporaire et disparaîtrait à terme. D'un point de vue pratique, il ne serait pas nécessaire de s'attendre au moindre transfert, même au début. Les opérations de prêts fonctionneraient exactement comme aujourd'hui, excepté l'absence de soudaines expansions et contractions du volume de prêt.

En fait, il ne serait même pas nécessaire d'autoriser la Commission Monétaire à effectuer de quelconques opérations de réescompte. On pourrait même aller encore plus loin et dire que l'on pourrait même se passer des opérations de réescompte des *Federal Reserve Banks*. Nous pourrions revenir à l'ancien système dans lequel chaque banque trouve par elle-même quelle banque, s'il y en a une, propose les meilleures solutions d'escompte. En ce qui me concerne, je préférerais ne pas allouer à la commission monétaire un quelconque pouvoir lui permettant d'effectuer des opérations d'escompte. Les mêmes objectifs peuvent être atteints substantiellement en achetant et en vendant des obligations d'État.

L'expansion du volume de prêt
sous un système 100% est indépendant
de l'expansion des dépôts sur compte chèque.

Nous avons désormais montré clairement notre

premier point que sous le système 100%, le volume de prêt ne chuterait pas nécessairement. Nous pouvons désormais nous pencher sur le second point, à savoir que ce volume peut grandir. Jusqu'à présent, nous avons parlé des prêts comme s'ils étaient un problème monétaire. Mais les prêts normalement proviennent de l'épargne et la croissance des prêts devrait dépendre de la croissance de l'épargne. Elle ne devrait être ni stimulée ni contrainte, comme elle l'est aujourd'hui, par un système monétaire croissant et décroissant outre mesure.

Bien évidemment, le volume de prêt, tout comme le volume des ventes, peut excéder le volume monétaire. Le même argent peut servir à un prêt après l'autre tout comme il peut servir à une vente après l'autre. Il peut même revenir à la même banque d'épargne et être prêté à nouveau. Tant que les prêts sont effectués grâce à de l'argent véritable et non pas de l'argent créé de toute pièce par les prêteurs à cette fin, les principes du système 100% ne seront pas violés.

Que ce soit sous le système 10% ou le système 100%, la source principale d'accroissement des prêts n'est pas l'argent nouvellement créé mais l'accroissement de l'épargne. Sous le système 100%, l'épargne serait plus importante car non-interrompue par des épisodes de boom et de dépression.

Il y a deux types de dépôts : tout d'abord, les dépôts d'épargne ou à terme privés de tout droit de transfert par chèque et en second lieu les dépôts à vue comprenant le droit de transfert par chèque. Les dépôts d'épargne sont placés sur des comptes épargne rapportant un intérêt. L'argent ainsi déposé est prêté à la banque avec intérêt et la banque est censée prêter à nouveau cet argent pour gagner cet intérêt, en rachetant des emprunts immobiliers par exemple. L'argent ne reste pas en coffre à la banque mais continue à circuler. Le déposant sur compte épargne est un investisseur et l'investissement qu'il achète à la banque consiste en son dépôt. La banque, de son coté, utilise cet argent pour acheter l'emprunt immobilier de Jones, et Jones, de son coté, utilise cet argent pour construire la maison ainsi hypothéquée ; et ainsi de suite indéfiniment.

Ici, les dépôts d'épargne au sein de la banque correspondent tout à fait exactement aux « prêts et investissements » effectués par la banque. Les prêts proviennent de l'épargne et croissent à mesure que croît l'épargne, sans affecter les moyens de paiement en circulation.

Le fonctionnement des opérations de crédit serait identique dans le système 100% à ce qu'il est actuellement mis à part le fait qu'il ne serait pas perturbé par le second type de dépôts, les dépôts à vue ou sur compte chèque. C'est le seul élément qui changerait radicalement de nature. Sous le « système 10% », la banque peut accorder au déposant le privilège de faire des chèques de manière à ce qu'il puisse utiliser son argent comme s'il ne l'avait pas déposé, tandis que la banque l'utilise également, en l'investissant de façon précaire dans des titre à court-terme. Ainsi, sous le système actuel, les prêts croissent à mesure que soit les dépôts à vue ou soit les dépôts à terme croissent ; le problème étant qu'avec la croissance des dépôts à vue, la monnaie croît également.

Sous le système 100%, les dépôts à terme absorberaient l'épargne et croîtraient dans la même mesure que les prêts comme aujourd'hui. Mais les dépôts *à vue* fonctionneraient différemment. Ainsi, tout argent déposé sur compte chèque y resterait et ne serait pas prêté. Les moyens de paiement ne croîtraient pas à mesure que croît ce type de dépôt mais seraient simplement redistribués. Les prêts augmenteraient avec l'épargne, mais les moyens de paiement resteraient inchangés. Les nouveaux fonds à prêter proviendraient de l'épargne et ne seraient plus créés à partir de rien. Il n'y aurait plus ainsi de double utilisation des dépôts sur compte chèque.

En un mot, sous le système 100%, les banques effectueraient des prêts comme tout le monde, soit à partir de leur propre épargne, soit à partir de celle des autres, exactement comme le faisaient les premières banques de prêt avant qu'elles ne soient perverties par « l'idée brillante » qu'a eu quelqu'un de prêter l'argent des autres tout en leur faisant croire que cet argent était utilisable en tant qu'argent.

Ainsi, sous le système 100%, la fonction principale du département de prêt de la banque serait celle d'un courtier faisant l'intermédiaire entre les épargnants et ceux prenant l'initiative d'emprunter cet épargne. Cela signifierait peut-être à différents moments une croissance plus ou moins rapide de la production qu'elle ne l'est actuellement, mais la croissance nette sur le long terme serait bien plus rapide qu'elle ne l'est maintenant et serait également plus stable car elle ne serait pas interrompue par tant et de si sévères dépressions.

Supposons qu'après un certain temps, de la manière que nous venons d'expliquer, du fait disons d'une période de construction de chemin de fer, les dépôts à terme, ou d'épargne, aient augmenté de 10 milliards de dollars, alors que le total des dépôts sur compte chèque et des billets de banque nationaux se maintenaient à 16.

Les conséquences pour les banques membres seront développées dans le tableau VII.

A cause des prêts supplémentaires, deux éléments ont changé (de 10) comme indiqué (Dans la pratique, bien sur, tous les éléments changeraient continuellement pour d'autres cause).

En ce qui concerne les nouveaux prêts, le résultat est que les prêts des banques membres et les dépôts à terme (dans ces banques) ont tout deux crû de 10 milliards, mais les moyens de paiement en circulation n'ont pas été affectés. Ils restent de 16 milliards (en ce qui concerne les banques membres).

ACTIFS

	Avant	Nouveaux prêts	Après
Argent sonnant (en coffre ou en réserve dans les F.R.B)	16		16
Obligations d'État	0		0
Prêts	18	+10	28
Etc.	10		10
	44		54

PASSIF

	Avant	Nouveaux prêts	Après
Dépôts sur compte chèque et billet de banque nationaux	16		16
Dépôts à terme	21	+10	31
Etc	7		7
	44		54

Dans le sens inverse, les prêts pourraient, bien évidemment, diminuer par liquidation ou par cessation de l'épargne, sans affecter les dépôts sur compte chèque ou le volume des moyens de paiement.

Conclusions

Les principales conclusions à tirer pour le moment, sans nécessairement invoquer une quelconque augmentation des moyens de paiement en circulation, sont :

(1) sous le système 100%, les prêts bancaires pourraient être maintenus simplement en remplaçant les anciens prêts par de nouveaux prêts.

(2) en fin de compte, la seule différence marquante entre les dépôts sous le nouveau et l'ancien système serait que les prêts bancaires (et investissements) tendraient à correspondre uniquement aux dépôts sur compte épargne sans être affectés par les dépôts sur compte chèque comme maintenant. Cela semble peut-être du point de vue du comptable une différence très légère. Mais cette différence serait fondamentale, parce que les dépôts à terme, n'étant pas sujets à être transférés par chèque, ne feraient pas parti de nos

moyens de paiement, utilisés dans les faits pour la circulation des biens.

Ce livre est en très grande partie une critique à l'encontre de la création d'argent sur compte chèque des banques. Ce chapitre est, lui, en grande partie une réponse à la critique consistant à dire que si elles ne le créaient pas, il n'existerait pas. En fait, excepté lors des périodes de boom et de dépression, les banques créent et détruisent des quantités presque identiques d'argent, bien qu'elles puissent annuellement créer (et détruire) deux ou trois fois autant d'argent qu'il en existe pendant ces périodes. Tout bien considéré, l'effet net de la création et de la destruction de monnaie est normalement très peu important.

De plus, la création anormale de crédit durant les périodes d'inflation est à tel point effacée par la destruction de crédits en période de déflation, que la croissance nette à long-terme n'est pas élevée.

Il est vrai que le volume d'argent sur compte chèque actuel est bien plus important qu'il ne l'était il y a quelques décennies et que cette croissance a été due à une lente augmentation ou accumulation à travers le temps de crédits créés de toute pièce. Je ne nie pas non plus l'importance qu'il y a à continuer à créer de la monnaie pour suivre la croissance économique – cela serait fait par une Commission Monétaire dument mandatée prenant en compte la valeur du dollar. Ce que j'avance ici, c'est que le système 100%, même sans y appliquer un contrôle du niveau des prix, serait une amélioration par rapport au système 10% actuel, avec ses conséquences erratiques sur le niveau des prix. Si le volume d'argent devait être fixé une fois pour toute, il n'y aurait nul besoin d'une Commission Monétaire.

Néanmoins, éliminer les défauts ne suffit pas. Nous désirons en plus les bienfaits d'un niveau des prix stable, qu'un volume fixe d'argent en circulation ne serait pas suffisant à assurer. En fait, à mesure que l'économie croîtrait, un volume fixe de monnaie (si sa vélocité ne variait pas) aurait pour conséquence une lente baisse du niveau des prix. Ainsi, à mon avis, il devrait y avoir une Commission Monétaire autorisée à contrôler la monnaie en circulation, y compris l'argent sur compte chèque.

Le chapitre suivant s'intéressera au sujet du contrôle monétaire.

Chapitre VI

Le système 100% et
le contrôle monétaire

Les critères de stabilité

D ans l'argumentaire et les exemples précédents, nous avons supposé, afin de simplifier, que la Commission Monétaire maintiendrait inchangée la quantité de monnaie en circulation. Il serait tout à fait possible de la maintenir constante perpétuellement, auquel cas il n'y aurait nul besoin de Commission Monétaire. Si cette option était choisie, on constaterait peut-être une chute constante du niveau des prix.

Comme nous l'avons déjà dit, le système 100% est en théorie entièrement indépendant de tout type de politique monétaire. Il n'est pas nécessaire de le combiner avec une politique de stabilisation, pas plus qu'avec une politique de déflation ou d'inflation. En fait, certaines personnes favorables au plan 100% ne souhaitent pas une monnaie stable contrairement au présent auteur, et certaines favorables à une monnaie stable n'approuvent pas le plan 100%.

Supposons ici que soit combinée au plan 100% une politique de stabilisation. Dans ce cas, de quels critères de stabilité aurions-nous besoin ?

Le standard ici proposé est celui adopté par la

Suède : un indice fixe du coût de la vie.[23] Une des
raisons pour choisir ce critère est qu'une hausse ou une
baisse du coût de la vie a des conséquences similaires
pour tout le monde, alors qu'une hausse ou une baisse
des prix de gros implique des conséquences différentes
selon les individus, dépendant de quel produit ils
produisent respectivement en gros. Chaque individu
consomme une grande variété de biens, mais dans le
monde moderne, il n'en produit que peu.

---

[23] Cependant, la Commission Monétaire devrait être autorisée à étudier
tous les autres critères afin de proposer des améliorations au critère choisi.
Parmi ces critères se trouvent : un indice des prix de gros , « l'indice
général »(de Carl Snyder), une quantité fixe d'argent, une « monocité » fixe
(ou argent en circulation fois sa vélocité : MV), la monocité divisée par le
volume des échanges (MV/T), M par tête, MV par tête, un pourcentage
supplémentaire annuel pour M ou pour MV fixe, un pourcentage de
décroissance fixe de l'indice des prix de gros, un niveau de salaire moyen
fixe, un dollar défini comme une fraction fixe du Revenu National ou du
revenu par tête. Ce dernier indice me semble même théoriquement
préférable à celui du coût de la vie. Mais dans la pratique, un tel critère
portant sur le revenu n'est pas faisable, car nous ne disposons pas de
statistiques suffisamment précises. Une des qualités d'un tel dollar serait
que, quand le revenu moyen par habitant croît ou décroît, les salariés et
tous ceux avec un revenu relativement fixe pourrait avoir
automatiquement leur part dans la croissance de la richesse réelle ou du
revenu réel sans avoir à se battre pour une augmentation de leur revenu
monétaire nominal. Cette qualité est cependant partagée jusqu'à un certain
degré par l'indice du coût de la vie. Il est aussi intéressant de voir que
l'indice du coût de la vie s'accorde généralement assez bien avec l'indice
« général » de Snyder. En fait, presque tous les critères choisis par les
différentes autorités s'accordent plutôt bien de façon générale. Le critère
idéal serait celui qui satisferait les anticipations raisonnables des parties
contractantes d'un prêt. Fondamentalement, lors d'un contrat de prêt, la
justice est la mieux respectée quand les anticipations des deux parties
s'avèrent correctes. De plus, ce qui procurerait les résultats les plus
satisfaisants en matière de dette procurerait probablement à peu près les
résultats les plus satisfaisants en matière de profits et d'emploi mais aussi
en matière d'ajustement au sein de la structure des prix, i.e. entre les prix
variant rapidement et les prix variant lentement.

Un critère du coût de la vie comme celui utilisé par la Suède serait tellement plus avantageux que tous les critères précédemment essayés comme l'étalon-or ou argent, que nous pouvons attendre patiemment qu'il se perfectionne. Cependant, lors des prochaines décennies ou générations, les progrès des techniques statistiques et la recherche économique en général amélioreront ce critère de la même manière qu'à travers les siècles, nous avons amélioré notre étalon de longueur, le *yardstick*, qui évolua en plusieurs étapes : (1) le tour de taille du chef, (2) la longueur du bras du roi Henri I, (3) la longueur d'une barre de fer de la Tour de Londres, (4) Une certaine fraction d'un quadrant entre le pôle et l'équateur, (5) la distance entre le centre de deux rayures sur une barre d'un métal spécial appelé « invar », la barre étant gardée dans une boîte en verre à l'intérieur d'un coffre gardé à une température aussi constante que possible . On parle maintenant d'utiliser la longueur de l'oscillation de la lumière à un certain point du spectre.

Avec l'aide d'un critère officiel, la Commission monétaire contrôlerait les flux monétaires. Ce serait un contraste frappant avec les résultats du système 10% car ce système comme on le sait, force les banquiers à créer et à détruire de l'argent en ne se référant non pas à un quelconque critère mais à une sorte de loi de la populace, guidés de façon discontinue par les minimums légaux de réserve, la situation du marché de l'or et d'autres facteurs mais également en période de dépression par l'instinct de survie, suivi aveuglement et égoïstement, sans se soucier le moins du monde des conséquences sur la valeur du dollar, le bien-être de la population, ou même le bien-être des banquiers eux-mêmes dans leur ensemble.

La reflation

Sur le long terme, les actions de la Commission Monétaire auraient pour but la stabilité du dollar. Mais si l'adoption du système devait se faire peu après une grave déflation comme celle de 1933, le premier objectif serait de *rehausser* le niveau des prix ou de faire chuter la valeur du dollar au niveau prescrit par la loi (quel qu'il soit).

Idéalement, le niveau prescrit devrait être le niveau auquel en moyenne les dettes en cours ont été souscrites, le niveau qui ramènerait l'économie et l'industrie totalement ou presque à ses performances normales et ferait disparaître en grande partie le chômage (ce qui reviendrait peut-être à la même chose) ou encore le niveau qui réduirait au minimum les perturbations néfastes au sein de la structure des prix. Ces trois critères pourraient être suivis et tous les trois s'accordent probablement plutôt bien.

Une telle hausse du niveau des prix a été nommée reflation. La reflation peut être ainsi définie comme ce degré d'inflation justifié par une récente rapide et importante déflation.[24]

Un programme en trois parties

A supposer que la mission de reflation de même que celle de stabilisation ait été imposée par la loi, la

---

[24] Logiquement, le terme reflation pourrait s'appliquer dans les deux sens. Ainsi, en 1920, une reflation vers le bas des prix était nécessaire, jusqu'à un certain point.

Commission Monétaire pourrait opérer en trois étapes :

Premièrement, comme nous l'avons déjà indiqué, elle achèterait, grâce à sa Monnaie de la Commission, suffisamment de titres aux banques pour *établir* le système 100%, cette première émission étant immobilisée en tant que réserve.

Deuxièmement, la Commission Monétaire achèterait encore plus de titres aux banques et à d'autres, suffisamment pour que la reflation amène le niveau des prix au niveau prescrit. Cette seconde émission de la Commission Monétaire ne serait pas immobilisée en tant que réserves.

Troisièmement, La Commission *stabiliserait* La valeur du dollar au niveau prescrit, comme la Suède l'a si bien fait depuis Septembre 1931. La Commission alternerait continuellement entre l'achat et la vente de titre à cette fin de stabilisation. Cependant, l'achat serait prédominant sur le long terme parce que la croissance nationale de la population et de l'économie demanderait continuellement plus d'argent pour maintenir stable un niveau donné de prix.

M. Luther Blake, président de la Standard Statistics Company, m'a suggéré intelligemment que d'un point de vue pratique, il serait peut-être préférable d'inverser l'ordre entre la première et la deuxième étape ou de les mêler. Ainsi, la Commission Monétaire achèterait tout d'abord des obligations (aux banques et à tout autre détenteur d'obligations) *avec de l'argent véritable*. Cet argent finirait inévitablement dans les banques. La deuxième étape serait d'augmenter progressivement le minimum légal de réserve lorsque les coffres des banques seront pleins à rebord d'argent.

Dans ce programme à trois parties dont nous avons donné un aperçu, (1) achat pour établir le système 100%, (2) Achat de reflation et (3) achat et vente de stabilisation, les deux dernières étapes, reflation et stabilisation, ne diffèrent évidemment qu'en degré. La reflation, la grosse correction initiale du niveau des prix est simplement la première et la plus importante correction d'une série continue constituant le contrôle monétaire.

Le contrôle monétaire peut s'apparenter à la conduite d'une automobile. Si, au départ, l'engin monétaire est complètement hors piste, dans le fossé de la déflation, le premier mouvement, la reflation, a pour but de le remettre sur la route. Ce mouvement doit être un mouvement relativement important. La stabilisation consiste en ces petites corrections requises pour conduire l'automobile et la faire rouler dans la bonne direction.

Le contrôle de la vélocité

Nous avons vu que, sous le système 100%, les prêts peuvent croître ou décroître sans nécessiter une tendance similaire de la part des dépôts sur compte chèque. En conséquence, le surendettement et d'autres causes, lorsqu'ils prennent effets, ne pourraient plus avoir d'influence sur le volume de moyens de paiement en circulation.

Cependant, même si le volume des moyens

d'échange en circulation était ainsi libéré de tout type de perturbation non-désirée, la vélocité de la circulation de la monnaie pourrait encore en être victime. Par exemple, suite à une période de surendettement et de spéculation, il est possible que les agents se ruent pour vendre leurs titres en panique et accroissent de cette façon la thésaurisation. Il y aurait alors un ralentissement de la vélocité.

L'effet sur le niveau des prix serait cependant bien moindre que si le volume des moyens d'échange en circulation avait aussi été affecté et même l'effet de ce ralentissement pourrait être probablement compensé par une augmentation appropriée du volume.

Enfin, les dernières et les meilleures études sur la vélocité montrent qu'en temps normal, elle ne varie que très peu et que même en temps de boom et de dépression, ses variations sont moins importantes que l'on ne le croit, excepté en ce qui concerne les transactions spéculatives.

Néanmoins, l'efficacité de la Commission monétaire serait peut-être renforcée si elle était autorisée à pouvoir avoir une influence sur la thésaurisation et sur la vélocité de circulation de la monnaie en général, même si elle devait ne jamais avoir à utiliser ce pouvoir.[25]

---

[25] Voir *Stamp Scrip*, New York, Adelphi Co., 1933. Bien qu'il y ait peu d'exemples à étudier, les exemples existants semblent indiquer clairement que les stamps script datés ont pour effet d'accélérer pour de bon la vélocité de la monnaie. Il n'existe aucun exemple ou l'impôt portant sur le timbre ait varié. On peut ajouter que l'objectif principal des Stamps script, à l'image des autres monnaies nouvelles émises en urgence, n'est pas d'augmenter la vélocité (V) mais d'augmenter les échanges (T).

Le système 10% est relativement incontrôlable

Il est vrai que la reflation et la stabilisation sont aussi bien possibles sous le système actuel 10% qu'elles le sont sous le système 100%.

L'exemple de la Suède en est une preuve convaincante (en ce qui concerne la stabilisation). Depuis 1931, la Suède a réussi, en ajustant son taux de réescompte et grâce à des operations d'Open Market, à maintenir[26] stable l'indice de coût de la vie dans une fourchette de 1,75% et habituellement dans une fourchette de 1%. Il faut cependant mentionner que la Suède bénéficie contrairement aux États-Unis d'un système bancaire unifié. Même si d'autres pays pouvaient sous un système 10% s'approcher de la Suède en termes de stabilisation et même si la Suède pouvait continuer indéfiniment à maintenir les prix stables, le système 100% comprend d'autres avantages, notamment concernant les finances gouvernementales, tandis qu'il ne semble présenter aucun inconvénient même en ce qui concerne les banquiers en tant que groupe.

Ce qui précède ne justifie le système 10% qu'à condition qu'il soit « contrôlé ». Ainsi, nous pourrions mettre fin aux terribles désastres que nous subissons actuellement grâce à la seule gestion monétaire, comme ce serait également le cas grâce au seul système 100%.

---

[26] Voir Stable Money, a history of the movement d'Irving Fisher, Adelphi Co., 1934.

La plupart de mes interlocuteurs se contenterait d'une de ces deux solutions. Même si les deux pourraient très bien fonctionner seules, à mon sens, l'idéal serait de mettre en pratique les deux en même temps.

Pour résumer, on peut dire :

1   Le système 10% seul (i.e. sans aucun plan de stabilisation) pourrait avoir des conséquences désastreuses dans le futur comme cela a été le cas dans le passé.

2   Le système 100% seul (i.e. sans aucun plan de stabilisation) fonctionnerait probablement plutôt bien.

3   Le système 10% combiné à un plan de stabilisation peut très bien fonctionner, comme cela a été le cas en Suède

4   Le système 100% combiné à un plan de stabilisation serait celui qui fonctionnerait le mieux, sans mentionner ses avantages pour les finances gouvernementales.

Dans une optique de comparaison, on pourrait les classer (1) mauvais, (2) bien, (3) mieux, (4) le meilleur.

La supériorité de la quatrième combinaison est spécialement évidente en ce qui concerne la correction initiale (la reflation), comme la dépression actuelle l'illustre si bien. La Réserve fédérale a essayé de pratiquer des opérations d'Open Market sous forme de rachat d'obligation dans l'optique d'une reflation mais le seul effet de taille a été « d'embarrasser » les *Federal Reserve Banks* avec des obligations des États-Unis qu'elles ne désiraient pas et de fournir aux banques membres des réserves excédentaires soit qu'elles ne voulaient pas utiliser (parce qu'elles avaient peur de prêter) soit qu'elles ne pouvaient pas utiliser (parce que les entreprises ne voulaient pas emprunter).

En conséquence, le rachat d'obligations des présidents Hoover et Roosevelt qui sous un système 100% aurait été immédiatement efficace en ce qui concerne l'augmentation des moyens de paiement en circulation, s'est avéré sous le système 10% presque totalement inefficace durant de longues périodes. Pendant plusieurs années, tout le monde *attendait que quelqu'un d'autre aille s'endetter* pour que puisse être fourni au public les moyens d'échange dont il avait besoin. C'est finalement le gouvernement qui a pris les devants et s'est lourdement endetté auprès des banques.

Tant que nous aurons un système sous lequel les moyens d'échange en circulation sont des sous-produits de la dette privée, nous devrons souvent passer par des moments difficiles. Le moment même où personne ne veut s'endetter est celui où nous avons le plus besoin d'argent et donc où nous espérons le plus que quelqu'un nous viendra en aide en s'endettant. Peu le feront, en dépit des exhortations et incitations officielles et malgré de faibles taux d'intérêt.

C'est une situation similaire à celle d'essayer de faire boire un cheval qui n'a pas soif. Ou, pour revenir à notre comparaison automobile, le fossé entre le système 10% et le système 100% de réserves intégrales correspond à la différence entre un bon volant et un volant défectueux. Sous le système 10%, le premier coup de volant n'a aucun effet sur la voiture. Donc, vous tournez plus fort jusqu'à que soudainement, la voiture change de direction trop brusquement et qu'ensuite quand vous essayez de corriger le tir, elle change trop de direction dans le sens opposé. Un mauvais volant pourra peut-être retirer la voiture du fossé de la déflation mais seulement pour atterrir dans le fossé de l'inflation et puis retourner ensuite dans le fossé de la déflation et ainsi de suite, le va-et- vient «d'un cycle économique ».

Avoir une image claire du problème est si important que nous allons effectuer une autre comparaison. Les réserves et les dépôts sous le système 10% sont liés comme les longs cylindres ou gaines dont sont composés les télescopes. Si certains télescopes sont composés de trois cylindres, c'est également le cas du télescope monétaire, les banques membres étant celui du milieu, situées entre la Réserve Fédérale et le public. Il se passe une sorte de « télescopage » entre les réserves et les dépôts lorsque les prêts sont créés et remboursés.

-    Quand les banques membres accroissent leurs prêts au public par crédit, elles accroissent les dépôts du public.
-    Quand les banques membres demandent le remboursement des prêts par crédit du public, elles font décroître les dépôts du public.
-    Quand les banques membres reçoivent des prêts par crédit de la Réserve Fédérale, elles accroissent leur réserve.
-    Quand les banques membres remboursent les prêts par crédit à la Réserve Fédérale, elles abaissent leur réserve.

Grâce à cette illustration, on voit qu'un prêt sous forme de crédit de la Federal Reserve Bank aux banques

membres peut accroître leurs réserves excédentaires
(qui sont en plus du minimum légal de réserves) de
manière à ce qu'elles puissent à leur tour accroître leurs
prêts au public. Si elles accroissent ces prêts et le font
jusqu'au maximum et si la Réserve Fédérale les accroît
aussi jusqu'à la limite, de manière à ce que le télescope
soit agrandi au maximum, les prêts sont accordés
jusqu'au maximum et il y a une inflation maximum des
dépôts, ayant pour conséquence une incroyable
inflation. Au moment même où j'écris, une telle
inflation des crédits est crainte.

Par contre, si les banques membres remboursent
leurs prêts à la Réserve Fédérale et si les banques
membres sont remboursées par le public, le télescopage
a lieu dans le sens inverse, ayant pour conséquence une
incroyable déflation. Comme le lecteur peut le calculer
lui-même à partir des ratios de réserve, le télescope s'il
est allongé au maximum sera à peu près 30 fois plus
long qu'à son minimum (Voir diagramme p. 69).

C'est le seul pouvoir de décision des banquiers
(exercé individuellement) qui nous préserve d'un si
violent télescopage en forme de va-et-vient entre
l'inflation et la déflation et ce pouvoir n'est parfois pas
suffisant pour nous préserver d'un ruineux télescopage.
Il est vrai que les banquiers n'attendent pas que le
télescope cogne contre la limite avant de commencer à
exercer une pression pour arrêter le mouvement. Mais
leurs efforts sont mous et incertains.

Sous le système 100%, nul télescopage, nul jeu, il y a
seulement une rigide résistance aux mouvements dans
les deux sens jusqu'à que la Commission Monétaire

intervienne pour changer les vis comme l'impose la loi.

En un mot, sous le système de réserve de 10%, le premier effet d'une hausse ou d'une baisse des taux de réescompte est une marche à vide. C'est seulement au sein des réserves, et donc au sein des rouages interne du système bancaire qu'il y a un changement, et non pas au sein les moyens d'échange en circulation parmi le public et sur le niveau des prix. L'effet sur le niveau des prix ne se fait seulement sentir lorsque l'augmentation ou la réduction des réserves a enfin affecté les prêts monétaires ou les achats de titres des banques et ainsi affecté leurs dépôts. Et il faut du temps pour passer ces étapes, spécialement quand les banque ont peur du fait de leurs réserves insuffisantes. Les principes venant d'être énoncés ont été illustrés dans les tableaux du chapitre IV.

Le système 100% facilement contrôlé

Sous le système 100%, il n'y aurait pas de tel « excédent ». Le contrôle de la quantité de monnaie en circulation serait ainsi aisé. La Commission Monétaire aurait chaque jour devant elle un relevé exact de la monnaie en circulation et de tout ce qui sort et ce qui entre. Il n'y aurait plus de création désordonnée de dépôt par les prêts à estimer, une monnaie émise pas des milliers de banques.

Si l'argent devenait rare, comme l'indiquerait une baisse du niveau des prix, des quantités supplémentaires pourraient être fournies instantanément. Si l'argent était surabondant, on pourrait en retirer aussi rapidement. Les ajustements nécessaires seraient moins importants qu'ils ne le sont actuellement, et la stabilisation serait plus précise.

Ces différents points peuvent être détaillés. Si la Commission Monétaire proposait aux banques de leur acheter des titres, la banque, contrairement à ce qu'elle fait sous le système 10%, ne vendrait pas des obligations dans le simple but d'immobiliser l'argent encaissé pour accroître ses réserves et gagner en liquidité, sans transmettre cet argent au public à travers le prêt et l'investissement. La banque serait en effet déjà 100% liquide et n'aurait aucun intérêt à accumuler plus d'argent sonnant. Si la banque devait vendre des obligations, ce serait pour utiliser à profit cet argent en prêt ou investissement. Si elle ne pouvait pas trouver de débouchés pour cet argent (ce dont les banques se sont généralement plaintes en 1933 et 1934), elle n'en vendrait pas du tout, et la Commission Monétaire aurait à injecter cet argent par d'autres canaux, pour qu'il puisse être transmis au public. Cet argent arriverait là où on en aurait le plus besoin.

Même si l'on devait voir dans certains cas que cet argent est demandé à des fins de thésaurisation, la Commission ne reculerait pas. En effet, contrairement aux banques, la Commission Monétaire, suivant sa responsabilité légale octroyée sous la forme d'un mandat du Congrès, continuerait à acheter jusqu'à que les effets se fassent sentir en ce qui concerne la restauration du niveau des prix et du pouvoir d'achat du dollar.

La somme à émettre pour atteindre cet objectif n'aurait aucune importance. Que les hommes d'affaires veuillent emprunter ou non n'aurait aucune importance, contrairement aux banques. Que les titres qu'elle achète ait un rendement élevé ou faible n'aurait aucune importance contrairement aux banques. En un mot, rien ne pourrait empêcher la Commission de mettre de l'argent en circulation. En sens inverse, rien ne pourrait empêcher la Commission de retirer de l'argent, quand ce type d'opération serait nécessaire.

Ainsi, la différence essentielle entre les deux systèmes est que le système 100% n'aurait pas à perdre du temps à remplir les réserves d'une banque lors d'une dépression. Des réserves de 10% sont à l'image d'un tube rempli à 10%. Des réserves de 100% sont tels un tube toujours plein, de façon que tout eau supplémentaire doive nécessairement déborder. Même si sous le système 100%, il serait bien plus simple de sortir d'une dépression que sous le système 10%, l'avantage principal du système 100% (ce que nous développerons lors du chapitre VII) est qu'il ne pourrait pas y avoir de si graves dépressions à la base.

La Commission surveillerait les indices officiels afin de diriger ses actions pour éviter des booms et des dépressions. Les menaces de perturbations sur le niveau des prix pourraient être détectées non seulement en surveillant l'indice officiel (celui du coût de la vie même) mais aussi d'autres indicateurs tel que :

- les prix de gros des marchandises, le prix des biens essentiels, les biens sensibles, les produits agricoles, les produits non-agricoles, les biens de production, les biens de consommation, les matières premières et les produits finis.

- les actions et les obligations
- la consommation et les échanges (y compris les échanges internationaux)
- les stocks
- les coûts, les améliorations technologiques et les profits en résultant, les pertes et les faillites
- les dettes
- l'emploi et le chômage
- le taux d'intérêt

Les informations transmises par ces indices et d'autres pourraient fournir de précieux avertissements afin de savoir vers où et quand diriger au mieux les ajustements de la Commission.

Sous le système 100%, la croissance de l'économie, n'étant plus sujet aux violents soubresauts des booms et des dépressions, serait probablement bien plus rapide en moyenne que maintenant. Les banques profiteraient de cette prospérité. Leurs affaires seraient plus importantes qu'elles ne le sont aujourd'hui.

La croissance de l'épargne et de l'investissement donnerait une indication précise de la croissance de l'économie et ces deux variables tendrait bien plus à s'égaler qu'aujourd'hui. En effet, cette égalité n'aurait plus à subir les perturbations liées aux prêts ne provenant pas de l'épargne en temps de boom et à l'épargne thésaurisée au lieu d'être investi en temps de dépression.

Que vendre et acheter

Que vendrait et achèterait la Commission Monétaire ? Comme nous l'avons indiqué, uniquement de façon occasionnelle, si ce n'est jamais, elle achèterait des titres de créance et réescompterait ces créances seulement quand cela serait demandé par les *Federal Reserve Banks*. Elle devrait se débarrasser de ces titres de créance aussi vite que possible en les remplaçant, s'il en est besoin, par des obligations d'État ou d'autres titres éligibles. En fait, comme nous l'avons mentionné, il serait préférable que la Commission Monétaire n'ait pas le droit d'effectuer des transactions impliquant des titres de créance privés. En ce qui concerne les titres, la Commission ne devrait avoir le droit d'opérer des transactions qu'avec les titres que les *Federal Reserve Banks* ont le droit d'acheter et de vendre.

En théorie, bien sur, la Commission pourrait effectuer des transactions avec tout ce qui peut s'acheter et se vendre et ainsi obtenir le même résultat en termes de stabilisation. Cependant, les effets relatifs sur chaque prix pris isolément seraient différents selon le produit acheté ou vendu, spécialement les effets immédiats. Il en serait de même en ce qui concerne les effets sur les taux d'intérêt. Cela poserait des problèmes pratiques évidents si la Commission avait le droit d'effectuer des transactions avec toute sorte de bien sans la moindre restriction.

En général, les éléments idéaux pour ce genre de transaction seraient probablement les obligations à court-terme du gouvernement fédéral mais également les devises étrangères et les métaux précieux.

Le système 100% et une grande guerre

Il y a un obstacle qu'un système monétaire ayant pour fin la stabilité ne peut surmonter, une grande guerre. Sous des conditions de tensions fiscales provoquées par une guerre d'importance suffisante, il y aurait sans doute recours à l'inflation. En effet, lorsqu'un choix doit être fait entre maintenir une monnaie stable et « maintenir l'existence même de la nation », il est évident que c'est le second choix qui s'imposerait.

Le système de stabilisation ici ne ferait pas exception. Lors d'une telle rupture du système, le cours des évènements pourrait être à peu près le suivant :

Premièrement, on peut supposer que le Trésor, afin de financer la poursuite de la guerre, taxerait la population et vendrait ses obligations autant que possible. Ces deux actions ramèneraient l'argent préexistant depuis les mains du public jusque dans les coffres du Trésor et serait ensuite dépensé en munitions, salaires des soldats, nourriture et autres frais de guerre. Jusqu'ici, la Commission Monétaire n'aurait pas besoin d'altérer la quantité de monnaie. Il est à se souvenir que même si les obligations étaient vendues aux banques, aucun argent nouveau ne serait créé de ce fait, contrairement à ce qui se passe aujourd'hui sous notre système 10%. Ainsi, l'argent que les banques avanceraient au gouvernement ne serait pas de la monnaie de crédit créée par elles, car elle n'aurait pas le pouvoir de créer une telle monnaie. Cet argent devrait être de l'argent préexistant.

Cependant, si la guerre prenait encore de l'ampleur, le moment viendrait où le gouvernement ne pourrait plus collecter un impôt encore plus lourd ni vendre des obligations, si ce n'est à prix faible (i.e. à un fort taux d'intérêt). A partir d'un certain point, il ne pourrait plus en vendre du tout. Alors, le Congrès aurait à passer une loi permettant au Trésor d'émettre de l'argent (ou exigeant à la Commission Monétaire d'acheter plus d'obligations avec de l'argent *nouveau*) *sans se soucier du niveau des prix*, qui en conséquence augmenterait. Il y aurait de l'inflation. La stabilisation cesserait de ce fait.

Cependant, cette rupture ne serait à aucun moment cachée au public. Ce serait le résultat de la volonté exprimée du congrès, faisant un choix délibéré entre deux maux.

Ensuite, la guerre serait financée par l'inflation comme d'habitude, c'est-à-dire au dépend des gens disposant d'un revenu relativement « fixe ». Pour ces classes, un coût de la vie élevé avec des salaires, des intérêts, des loyers restant relativement stable, comme cela s'est passé lors de la Guerre Mondiale, aurait pratiquement les mêmes conséquences qu'un impôt de 50% ou plus. Ce serait un impôt indirect, seulement vaguement considéré comme un impôt et comme une action gouvernementale. C'est probablement seulement de cette façon camouflée que les gouvernements peuvent obtenir les fonds nécessaires au financement d'une grande guerre moderne, car son coût est immense.

Cependant, sous le système ici proposé, le public serait au moins plus proche de comprendre ce qui serait en train de se passer. Sur le long terme, une meilleure compréhension serait bénéfique au monde en faisant réaliser aux gens ce que la guerre signifie économiquement. En plus de la destruction initiale de richesse, la guerre signifie l'inflation puis plus tard la déflation, toutes deux entraînant la ruine et le gaspillage.

Les coûts collatéraux de la Guerre Mondiale depuis 1920 aux États-Unis seulement en termes de baisse de productivité ont été estimés par le Professeur Franck G. Dickinson de l'Université de l'Illinois (selon les reportages des journaux) à plus de 200 milliards de dollars.

Résumé

1. le système pourrait soit être contrôlé selon un critère spécifique soit ne pas l'être.

2. S'il n'est pas, le dollar serait moins erratique qu'il ne l'est aujourd'hui.

3. S'il est contrôlé, le dollar serait bien plus stable que sous tout autre système.

4. En cas de contrôle effectif, la Commission Monétaire effectuerait trois taches successives : établissement, reflation, stabilisation.

5. Il serait possible de donner à la Commission le pouvoir de contrôler la thésaurisation et la vélocité, même si elle n'aurait peut-être jamais à utiliser ce pouvoir.

6.   Le système 10% est si instable que sous celui-ci le contrôle du niveau des prix est très compliqué, spécialement la reflation comme le montrent les récents efforts à ce sujet.

7.   Le contrôle serait bien plus aisé et précis sous le système 100%.

8.   La Commission devrait effectuer peu de transactions, si ce n'est aucune, impliquant des prêts privés et autant que possible impliquant des obligations d'État à court-terme.

9.   Une grande guerre d'ampleur suffisamment importante provoquerait la rupture de tout système de stabilization.

Troisième Partie
La portée du système 100%

Chapitre VII

Embellies et dépressions

Introduction

Nous avons vu maintenant comment fonctionnerait le système 100%, mais il nous reste toujours à savoir quel bienfait celui-ci apporterait.

De loin, la principale qualité du système 100% serait à tout point de vue sa capacité d'atténuer la dépression actuelle et dans le futur d'atténuer non seulement les dépressions mais aussi les booms qui mènent aux dépressions. Même sans une Commission Monétaire permanente, comme nous l'avons montré, le système 100% serait utile. Cependant, dans ce qui suit, nous supposons la présence d'une Commission Monétaire.

J'ai, dans le passé, déjà indiqué mes principales conclusions[27] à propos de ce type de perturbations économiques, mais je n'avais pas à l'époque de leur écriture prêté attention au système 100%.

Les booms et les dépressions peuvent sans doute être traités et évités jusqu'à un certain point sans avoir recours au système 100%, mais, si mon analyse est

[27] Voir *Booms and Depressions*, New York (Adelphi Co), 1932. Un court résumé de cet ouvrage et d'autres écrits, "The Debt-Deflation Theory" a été publié dans Econometrica, Vol I ; N°4, October 1933. Le présent chapitre est un résumé de ce résumé.

correcte, pas aussi surement, promptement et facilement que sous le système 100%. En effet, le système 10% est à la racine (ou la condition première) des grands booms et des grandes dépressions, comme nous l'avons montré au Chapitre IV.

L'analyse qui suit montrera ce que je considère être rôle important joué dans ce sens par le système 10%. Il y a bien sûr beaucoup d'autres facteurs jouant des rôles plus ou moins importants, et ceux-ci sont souvent mis en avant comme des explications complètes de ces phénomènes.

En tant qu'explications des soi-disant cycles des affaires, ou cycles économiques, quand ceux-ci sont vraiment importants, je doute du bien-fondé de la surproduction, de la sous-consommation, de la surcapacité, de la dislocation des prix, du mauvais ajustement entre les prix agricoles et les prix industriels, de l'excès de confiance, du surinvestissement, de l'excès d'épargne, de l'excès de dépense.

Je défends l'opinion, sujette à correction selon les futurs éléments qui seront présentés, que lors des grands booms et des grandes dépressions du passé, chacun des facteurs susnommés a joué un rôle mineur comparé aux deux facteurs majeurs, à savoir, (1) le surendettement (spécialement sous la forme de prêts bancaires) pour commencer, et (2) la *déflation* (ou appréciation du dollar) , suivant peu après. Aussi, quand les autres facteurs commencent à attirer l'attention, ils ne sont souvent que de simples effets ou symptômes de ces deux facteurs.

Bien que je sois tout à fait prêt à changer d'opinion, je suis pour le moment fermement convaincu que ces deux maladies économiques, que nous pourrions appeler « la maladie de la dette » et la « maladie du dollar » sont, lors des grands booms et des grandes dépressions, plus importantes que toutes les autres causes réunies.

Les rôles de la dette et de la déflation

Les perturbations concernant ces deux facteurs (la dette et la hausse du pouvoir d'achat de l'unité monétaire) vont entrainer de graves perturbations au sein de toutes, ou presque toutes, les autres variables économiques. Par contre, en cas d'absence de dettes et de déflation, les autres perturbations sont, à mon sens, incapables d'occasionner des crises comparables en gravité à celles de 1837, 1873 ou 1929-1935.

Nous ne donnerons pas une liste exhaustive des variables secondaires affectant, ou affectées par, ces deux variables premières, la dette et la déflation, mais elles comprennent tout spécialement sept variables, ce qui en fait au moins neuf au total : les dettes, le volume des moyens d'échange en circulation, sa vélocité de circulation, le niveau des prix, la valeur net, les profits, les échanges, la confiance du milieu des affaires, les taux d'intérêt.

La seconde de ces variables, le volume des moyens d'échange, est, comme nous le savons, sujette à variation sous le système 10%.

Les interconnexions entre ces neuf variables

principales peuvent être trouvées par déduction, en supposant par soucis de simplicité que nous partons d'un équilibre général perturbé par le seul facteur du surendettement et supposant qu'il n'y ait pas d'autres influences, soit accidentelles soit volontaires, tendant à affecter le niveau des prix.

Supposons ainsi, qu'à un certain moment, il existe un état de surendettement. Ceci tendra à entrainer une liquidation, jaillissant des craintes des débiteurs, des créditeurs ou des deux à la fois. Alors, nous pouvons déduire la chaîne suivante de conséquence, en neuf liens :

(1) La *liquidation de la dette* entraine la *vente en panique* d'actifs et

(2) *La contraction de l'argent sur compte chèque*, à mesure que les prêts sont remboursés, et une baisse de la vélocité de circulation. Cette contraction des dépôts sur compte chèque et de leur vélocité, précipitée par les ventes en panique, cause

(3) *Une chute du niveau des prix*, en d'autres termes une hausse de la valeur du dollar. En supposant, comme indiqué précédemment, que cette chute des prix n'est pas contrebalancée par une reflation ou autre, il doit y avoir

(4) *Une baisse encore plus forte de la valeur nette des entreprises* entrainant les *faillites* et

(5) *Une baisse similaire des profits*, devenant souvent des pertes, ce qui dans une société capitaliste, c'est-à-dire de profits privés, mènent les entreprises faisant des pertes à effectuer

(6) *une baisse de la production, des ventes et de l'emploi de travailleur.* Ces pertes, faillites et ce chômage entraine

(7) *le pessimisme et la perte de confiance*, ce qui à son tour mène à

(8) *la thésaurisation et à une baisse encore plus forte de la vélocité de circulation.* Les huit évolutions ci-dessus causent

(9) *Des perturbations complexes du taux d'intérêt*, en particulier une baisse du taux d'intérêt nominal, c'est-à-dire, l'intérêt exprimé en termes d'argent, et une *hausse* des taux d'intérêt réel, c'est-à-dire les taux traduits en termes de biens que l'argent achètera.

Ce raisonnement déductif a été grandement confirmé par des études inductives. Evidemment, alors, la dette et la déflation explique à elles seules en grande partie un grand nombre de phénomènes d'une façon très simple et très logique.

Il est important de noter que presque *tous les évènements listés résultent* d'une contraction de l'argent sur compte chèque.

Cependant, la chaîne que nous venons de décrire constituée de neuf maillions, comprend seulement une petite partie des interconnexions parmi les 9 facteurs. Il y a d'autres interconnexions qui peuvent être démontrées à la fois par raisonnement et empiriquement et sans doute d'autres qui ne peuvent pas, en tout cas pour le moment, être formulées. Il doit aussi y avoir un grand nombre de relations indirectes impliquant des variables non incluses dans les neufs groupes.

L'un des liens de cause à effet les plus importants, sans rapport avec un quelconque changement du niveau des prix, est la baisse des échanges causée directement par la baisse des moyens d'échange en circulation et la baisse de leur vélocité. En effet, une pénurie d'argent, comme celle causée par la disparition de 8 milliards de dollars en argent sur compte chèque, *ralentit les échanges d'un coup sans qu'il ne faille attendre pour cela de voir les prix chuter*. L'exemple des localités où l'activité a été ranimée par l'émission d'une monnaie d'urgence sans qu'il n'y ait aucune hausse des prix en est une preuve.

Dans les faits bien évidemment, l'ordre chronologique des évènements peut être différent de l'ordre énoncé ci-dessus, et il y a de nombreuses réactions et répétitions d'effet.

La contraction de l'argent sur compte chèque, « (2) », bien qu'une cause de « (3) » à « (8) »inclus, est elle-même une conséquence de « (1) ». Elle est sans doute affectée également par de nombreux éléments dont elle est un élément déclencheur. Faire une liste exhaustive de l'ordre des causes et des effets est impossible.

La dette et la déflation s'aggravent l'une et l'autre

Il est concevable que le surendettement puisse rester un phénomène isolé, c'est-à-dire qu'il ne s'accompagne pas d'une baisse du niveau des prix. Cela suppose que la tendance à une chute des prix a été d'une façon ou d'une autre contrebalancée. Cela peut provenir de forces contrant la déflation (qu'elle soit accidentelle ou volontaire) tel qu'une hausse de la quantité de moyens d'échanges en circulation. Le « cycle » en résultant serait bien plus doux que lorsque la maladie de la dette et la maladie du dollar sont présentes au même moment.

De la même façon, quand une déflation du niveau des prix est causé par d'autres éléments que la dette, c'est-à-dire lorsque la maladie du dollar existe sans la maladie de la dette, les ravages sont beaucoup moins importants. C'est la combinaison des deux, la maladie de la dette venant d'abord et entrainant la maladie du dollar, qui provoque les plus gros dégâts.

Ceci est vrai parce que les deux maladies agissent et réagissent entre elles. Les médecins sont en train de découvrir que deux maladies agissant en même temps sont parfois pires que la simple somme des deux, façon de parler. De plus, nous savons tous qu'une maladie bénigne peut entrainer une grave maladie. De la même manière qu'une mauvaise grippe mène à une pneumonie, le surendettement mène à la déflation.

La déflation a pour cause en grande partie les réserves insuffisantes des banques sous le système 10%. Lors des chapitres III et IV, nous avons vu comment la liquidation des prêts bancaires et le retrait d'argent sonnant détruisaient l'argent sur compte chèque. Cette déflation monétaire, à son tour, provoque une déflation du niveau des prix et de l'économie.

Et, vice-versa, la déflation du niveau des prix causée par les dettes, a un effet sur chaque dette. Chaque dollar de dette restant à rembourser devient plus important. Un niveau des prix plus bas signifie que le dollar est plus fort. Il se peut même que la liquidation se fasse échouer elle-même. Tandis qu'elle diminue le nombre de dollars à rembourser, il se peut qu'elle ne le fasse pas aussi rapidement qu'elle augmente la valeur de chaque dollar encore dû. Alors, *l'effort même de chaque individu pour alléger son fardeau de dette l'alourdit en réalité, à cause de l'effet massif que peut avoir la ruée vers la liquidation sur la hausse de chaque dollar encore dû.* On entrevoir alors le grand paradoxe qui me semble être le grand secret de la plupart, si ce n'est de toutes, les grandes dépressions : *plus les débiteurs remboursent leurs dettes, plus ils doivent à leur créditeur* en terme de biens réels. Plus notre navire économique tend à pencher, plus il penche. Il n'a pas tendance à se remettre droit de lui-même. Il a tellement penché qu'il est en train de faire naufrage.

Dans ce type de dépression en forme de naufrage, le pire est la rapidité avec laquelle les revenus réels sont réduits progressivement. Les hommes désœuvrés et les machines à l'arrêt signifient une production réduite et un revenu réel réduit, et le revenu réel est l'élément central de la science économique. Cette sous-production arrive justement au moment même où il y a cette illusion de surproduction.

Qu'est ce que le surendettement ?

Lors de cette rapide étude, je n'ai pas parlé de ce qui entraine cet état de surendettement. Il suffit ici de remarquer que (a) le surendettement est toujours évalué relativement à d'autres éléments (la richesse et le revenu national, aux réserves des banques en général, et en or en particulier quand un étalon or est en vigueur) et que (b) le surendettement n'est pas un phénomène simplement unidimensionnel, à mesurer simplement par le nombre de dollars dus. Il faut également prendre en compte la distribution dans le temps des échéances de ces prêts. Les dettes arrivant aujourd'hui sont plus gênantes que les dettes à rembourser dans plusieurs années et celles remboursables à l'option du créditeur sont plus gênantes que celle à l'option du débiteur. Ainsi, les dettes sont surtout gênantes dans les cas de prêt au jour le jour ou dans le cas de prêts à court-termes.

Cependant, pour des raisons pratiques, nous pouvons mesurer à peu près le poids de la dette au sein de la nation en prenant la somme totale due actuellement, disons à rembourser dans l'année qui vient, en y incluant les loyers, les impôts, les intérêts, les traites, les obligations liés aux fonds d'amortissement, les échéances et tout autre engagement défini ou rigide de paiement en principal.

C'est à ce moment que le système 10% fait son apparition et commence à semer le trouble, car une grande partie des dettes actuelles consiste en des prêts bancaires à court-terme, à vue et au jour le jour.

L'exemple de la dépression de 1929-1935

La dépression de laquelle nous sommes en train (je crois) de sortir est un exemple de dette-déflation du type le plus grave. Les dettes de 1929 étaient les plus importantes jamais connues, à la fois en termes nominaux et réels, et il y avait à peu près 10 milliards de dollars de prêts au jour le jour.

Elles étaient assez importantes non seulement pour faire « tanguer le navire » mais aussi pour commencer à le faire chavirer. En Mars 1933, la liquidation avait réduit les dettes nominalement d'à peu près 20 pour cent mais augmenté la valeur du dollar de l'homme d'affaire, mesuré par l'indice des prix de gros, d'à peu près 75%, de façon à ce que sa dette *réelle*, c'est-à-dire la dette mesurée en terme de biens, avait augmenté d'à peu près 40% [(100%-20%) X (100%+75%)] = 140%].

A part si certaines forces viennent contrebalancer la chute du niveau des prix, une dépression telle celle de 1929-1935 (à savoir une dépression durant laquelle plus les débiteurs remboursent, plus ils doivent encore rembourser) tend à durer, et à s'enfoncer dans une spirale vicieuse, pendant des années. Le navire n'a alors pas tendance à s'arrêter de tanguer avant de chavirer. Finalement, bien sûr, mais seulement après une faillite presque universelle, l'endettement cesse de grandir et commence à se réduire. Alors vient le rétablissement et une tendance vers une nouvelle séquence boom-dépression. C'est la soi-disant manière « naturelle » de sortir d'une dépression, par le biais d'inutiles et cruelles faillites, du chômage et d'une pauvreté généralisée.

Pourtant, si l'analyse précédente est correcte, il est presque toujours économiquement possible d'arrêter ou d'empêcher une telle dépression, simplement en rétablissant substantiellement le volume monétaire qui a été détruit, ce qui signifie une reflation des prix jusqu'au niveau approprié et ensuite maintenir ce niveau stable. La création d'argent augmente les achats, ce qui inclut l'achat de travail i.e. l'emploi, augmente les prix, améliore les profits et augmente ainsi à nouveau l'emploi.

Que les prix soient contrôlables n'est pas seulement défendu par les théoriciens monétaires mais a été mis en évidence par exemple en Suède, en Angleterre, en

Norvège, au Danemark, en Australie, en Argentine, au Japon. Plus récemment, les expériences américaines et belges peuvent également être citées.

Si cela est vrai, il serait aussi stupide et immoral de « laisser la nature prendre son cours » que pour un médecin de négliger un cas de pneumonie. Ce serait également un affront à la science économique qui connait des remèdes aussi efficace que ceux de la science médicale.

Si la reflation peut rétablir une économie après le désastre de quatre ans de déflation meurtrière, au moment même où cette maladie gagnait du terrain plus rapidement que jamais, il aurait été à l'évidence plus aisé de mettre un terme à cette maladie au début de son développement. En fait, sous le président Hoover, le rétablissement de l'économie était en apparence bien entamé grâce aux achats d'Open Market de la Réserve Fédérale qui rehaussèrent les prix et relancèrent l'économie de Mai à Septembre 1932.

Malheureusement, ces efforts n'ont pas été maintenus et certaines circonstances, dont la très politique « campagne de la peur »,[28] mirent un terme au rétablissement.

Il aurait été encore plus simple d'empêcher en premier lieu la dépression de prendre pied. En fait, à

---

[28] Expression utilisée pour qualifier la campagne de Hoover et du parti républicain lors de l'élection présidentielle de 1932. Leur stratégie malheureuse consista à tenter d'effrayer les américains sur les dangers que comportaient une présidence de Roosevelt et de son programme de « New Deal ».

mon sens, c'est ce qu'aurait fait le gouverneur Strong de la Federal Reserve Bank de New York, s'il était encore vivant, ou ses successeurs après sa mort, si ses politiques avaient été adoptées et poursuivies par les autres Federal Reserve Banks et le comité directeur de la Réserve Fédérale. Dans ce cas, rien de plus grave que le tout premier crash ne serait arrivé. Nous aurions eu la maladie de la dette mais pas la maladie du dollar, la mauvaise grippe mais pas la pneumonie. Les tendances à la déflation décrites dans le chapitre III et IV, sous le système 10% auraient été surmontées.

Il aurait été encore plus simple de mettre en place une politique de prévention. Mais le plus simple aurait été d'avoir un système de réserve à 100% en 1929, car dans ce cas nous n'aurions pas eu à voir les opérations d'Open Market ne servir qu'à « renforcer » les réserves des banques, c'est-à-dire des réserves au dessus de 10%. Les réserves, dès le départ, n'auraient non seulement pas été de plus de 10% mais de 100%, et toute opération d'Open Market aurait eu un effet direct et rapide sur l'économie et le niveau des prix contrairement à aujourd'hui où ces opérations n'ont pour effet que d'empiler des réserves inutilisés au sein des banques. Ces opérations sont impuissantes jusqu'à ce que les banques se décident à utiliser une bonne part de leurs réserves excédentaires.

Les causes du surendettement

Le surendettement jusqu'ici présupposé doit avoir ses causes. Le surendettement peut être causé par bien des éléments dont le plus commun semble être *les perspectives de nouveaux investissements à fort rendement*, en comparaison avec les profits et intérêts ordinaires. Les nouvelles inventions, les nouvelles industries, les développements de nouvelles ressources, l'ouverture de nouvelles terres ou de nouveaux marchés font apparaître ce type de nouvelles opportunités. Lorsque le taux de profit espéré est bien plus élevé que le taux d'intérêt, nous avons alors devant nos yeux la principale source de surendettement. Quand un investisseur pense qu'il peut avoir un retour sur investissement par an de 100% en empruntant à 6%, il sera tenté d'emprunter et d'investir ou de spéculer avec l'argent emprunté. Ceci est la cause principale du surendettement de 1929. Les inventions et les améliorations technologiques ont amené de merveilleuses opportunités d'investissement, et ainsi entrainé d'importantes dettes. Parmi les autres causes se trouvent les dettes relevant des guerres, domestiques et internationales, publiques et privés, les prêts de reconstruction aux étrangers et la politique de taux d'intérêt bas adoptée par les Federal Reserve Banks dans l'objectif peu commun d'aider l'Angleterre à revenir à l'étalon or.[29]

Ainsi, chaque cas de surendettement peut avoir ses

[29] NDT : Lors de la Première Guerre Mondiale, le Royaume-Uni a dû abandonner l'Etalon-Or, c'est-à-dire interrompre la convertibilité illimitée de la livre en or. Après-guerre, la remise en place de l'étalon-or apparu comme une priorité politique, mais il fallait pour cela attirer assez d'or au Royaume-Uni pour assurer la convertibilité. A cette fin, la banque d'Angleterre haussa ses taux d'intérêt. L'or y étant bien rémunéré, les investisseurs avaient intérêt à placer leur or au Royaume-Uni. Pour les aider, la Réserve Fédérale a elle au contraire maintenu des taux d'intérêt bas. Les spéculateurs étaient ainsi incités à emprunter de l'or à bas coûts aux Etats-Unis et à les placer à haut rendement au Royaume-Uni. Le Royaume-Uni revint à l'étalon-or en 1925 grâce à une politique ouvertement déflationniste qui handicapa l'économie britannique durant toute la décennie.

propres causes ou éventail de causes. Celles qui amenèrent la crise de 1837 étaient liées aux opportunités lucratives d'investissement dans le développement immobilier de l'Ouest et le Sud-ouest, dans le coton, dans la construction de canaux (avec le Canal Erie en chef de file), dans les bateaux à vapeur et dans les péages ouvrant des deux cotés des montagnes Appalaches en direction de l'autre. Les causes principales menant à la crise de 1873 furent l'exploitation des chemins de fer et des fermes agricoles de l'Ouest suivant le Homestead Act. Le surendettement menant à la panique de 1893 était surtout relatif à la base en or qui était devenu trop petite, à cause de l'injection de trop de métal argent. Mais la panique de 1893 semble être moins due à la dette que dans la plupart des cas, bien que la déflation y ait joué un rôle majeur par l'effet cumulatif d'une déflation presque continue durant le quart de siècle la précédent.

Quand de nouvelles opportunités d'investissements anormalement profitables sont les causes du surendettement, la bulle de dette, tout spécialement de prêt bancaire, tend à gonfler plus vite et plus fort que quand la cause en est un grand désastre, comme un tremblement de terre entrainant seulement des dettes improductives. La seule exception notable est une grande guerre et même alors principalement parce que, une fois finie, elle entraine des dettes productives à des fins de reconstruction.

Ceci est tout à fait différent de l'opinion naïve répandue selon laquelle la guerre entraine la dépression. Si l'interprétation présente est correcte, la Guerre

Mondiale n'aurait jamais mené à une grande dépression. Il est vrai qu'une grande partie de l'inflation en temps de guerre était probablement inévitable à cause des exigences des finances gouvernementales, mais la déflation indue qui suivit aurait probablement pu être évitée entièrement.

4 phases psychologiques

La psychologie du public en ce qui concerne l'endettement passe par eu moins quatre phases psychologiques distinctes : (a) l'appât que constitue de grandes perspectives de profits sous la forme de dividendes, i.e. de *revenus* dans le futur, (b) l'espoir de vendre à profit, et de réaliser un gain en *capital* dans le futur immédiat, (c) la tendance à voir apparaître des offres d'investissement très risquées, profitant de l'habitude du public à avoir de grandes espérances de profits, (d) le développement de fraudes pures et simples qui arrivent à séduire un public devenu crédule et naïf.

Quand il est trop tard, les victimes découvrent les scandales comme ceux de Hatry and Kreuger. Plus d'un livre a été écrit pour démontrer que les crises sont dues aux fraudes de malins promoteurs. Mais ces fraudes pourraient rarement, si ce n'est jamais, devenir aussi importantes s'il n'y avait pas eu au départ des véritables opportunités d'investir très lucrativement. Il y a toujours probablement un fondement très réel à la croyance d'une « nouvelle ère » avant que ces fondements rationnels ne disparaissent de l'esprit des victimes. Ce fut certainement le cas juste avant 1929.

Remarques pour conclure

L'exactitude de la « théorie de la dette-déflation des grandes dépressions » exposée ci-dessus est, je crois, prouvé par les expériences des dépressions actuelles et passées. De prochaines études par d'autres que moi vérifieront sans doute cette théorie. Une des manières possibles est de comparer différents pays simultanément. Si la théorie de la « dette-déflation » est correcte, c'est le fait de partager le même étalon or (ou autre) qui est la principale responsable de la diffusion internationale des dépressions, et on aurait peu tendance à voir des dépressions passer de pays subissant une déflation à d'autres subissant une inflation ou profitant d'une stabilisation.

Une étude[30] a été faite pour tester cette dernière hypothèse et celle-ci la confirme substantiellement. Par exemple, on a montré que lors de la dépression de 1929-1935, quand un pays suivant l'étalon-or subissait une dépression suivie d'une appréciation de la valeur de l'or, tous les pays suivant l'étalon-or étaient pratiquement sûrs d'être touchés par la contagion, parce que les prix ont chuté de la même manière chez tous. Mais les pays à étalon argent et les pays avec une monnaie papier contrôlée y ont échappé, leur niveau des prix étant stable ou en augmentation. Plus tard, quand les achats américains d'argent ont commencé à

---

[30] Voir *"Are Booms and depressions Transmitted Internationally through Monetary Standard ?"*XXII *session de l'Institut International de Statistique, London, 1934, par Irving Fisher* (réimprimé, 460 Propect Street, New Haven, Connecticut). Voir aussi du même auteur *Stabilizing the dollar*, MacMillan Co., New York 1920, Appendices, pp. 285-397 et *"A compensated Dollar"*, *Quaterly Journal of Economics*, février 1913, pp 213-235.

augmenter la valeur de l'argent, augmentant ainsi la valeur de la monnaie argent chinoise, la Chine, avec son étalon-argent, sombra dans la dépression, exactement comme les pays suivant un étalon-or ont sombré dans la dépression à cause de la hausse de la valeur de l'or.

Dans l'analyse précédente, il est clair que le maillon essentiel est la contraction de l'argent sur compte chèque. Il est démontré avec encore plus de détail dans le Chapitre IV comment une telle contraction a pour cause une bataille pour l'argent sonnant entre les banques et le public.

Si le lecteur est convaincu que cette analyse est en grande partie correcte, il ne peut qu'être convaincu aussi que le système 10% est largement responsable du développement des dépressions. En effet, sous un système 100%, la liquidation des prêts bancaires ne pourraient pas, comme nous l'avons vu, réduire la quantité de monnaie du moindre dollar. Lorsqu'il y a beaucoup d'argent, il ne peut y avoir de chutes importantes du niveau des prix et sans chute des prix, le maillon essentiel à toute dépression serait quasiment inexistant.

De plus, sous le système 100%, les dépressions ne pourraient jamais prendre un départ aussi violent car le boom qui précède et le surendettement ne seraient pas aussi importants.

Ceci ne signifie pas que, sous le système 100%, il n'y aurait ni booms ni dépressions. Cela signifie simplement qu'ils seraient bien moins graves. Le système 100% n'empêcherait pas les petites éclaboussures mais il empêcherait l'ensemble, ou au moins la plupart, des grosses vagues.

Chapitre VIII

La portée du système 100% pour le monde des affaires

Les prêts aux entreprises

En atténuant les booms et les dépressions, le système 100% rendrait deux services spécifiques au monde des affaires (ce qui inclut l'industrie, l'agriculture, la main d'œuvre et tous les autres acteurs économiques) : donner une unité fiable aux contrats à terme et libérer l'offre et la demande de tels contrats, tout spécialement les prêts, des interférences causées aujourd'hui par les booms et les dépressions.

Le premier de ces deux services, la stabilisation du dollar, a été décrit dans les deux chapitres précédents. Ce chapitre sera dédié au second de ces deux services, la régulation de l'offre et de la demande de contrat de prêt. C'était l'objectif du Federal Reserve Act, sous l'intitulé de « prêter aux entreprises ».

Beaucoup trouveront difficile à croire que le système 100% puisse faciliter les prêts bancaires, car ils pensent que le système 10% facilite ces prêts en créant des fonds prêtables à partir de rien. Lors du Chapitre V nous avons exposé plusieurs raisons démontrant pourquoi cet argument est fallacieux. En particulier, nous avons vu que si la quantité de monnaie restait stable, les prêts bancaires pourraient, sous le système

100%, augmenter indéfiniment dans la même mesure que l'épargne. L'épargne non seulement ne serait pas détruite mais prendrait un nouvel élan de croissance grâce à la prospérité qu'amènerait le système 100%.

Afin de constituer des fonds prêtable, l'épargne supplémentaire pourrait ne pas seulement prendre la forme de dépôts d'épargne ou à terme mais aussi celle de capital supplémentaire pour les banques. Elle pourrait également prendre bien d'autres formes, comme par exemple des fonds d'investissement.

Comme nous l'avons dit, voir les banques prêter sans être sûres qu'il y ait bien de l'argent à prêter n'est pas une situation saine. De plus, le système 10% est seulement tolérable quand, en temps clément, les emprunts Smiths viennent à correspondre à l'épargne et aux remboursements de prêts des Jones. Nous avons aussi vu que, sous le système 100%, nous ne prendrions pas le risque de voir ces deux flux ne pas s'égaler, car les banques ne pourraient pas prêter de l'argent à moins qu'elles en aient à prêter à leur disposition, soit le leur ou celui d'une personne souhaitant le prêter.

Seule la Commission Monétaire pourrait modifier l'offre de monnaie dans l'intérêt de la nation et en accord avec des critères précis établis pour assurer cet objectif. L'offre de monnaie ne dépendrait plus simplement de l'intérêt d'une banque, d'un commerçant ou d'un spéculateur.

Ce que couteraient les prêts

Le coût d'un prêt pour l'emprunteur ne serait-il plus

fort sous le système 100%, dans ce sens qu'il aurait à faire réescompter son titre de créance une fois, voire deux fois ? En tout cas, n'aurait-il pas à payer des intérêts plus importants à cause du système 100% ?

Peut-être que le taux d'intérêt *nominal* augmenterait au début, peut-être non. Mais dans tous les cas, le taux *réel* chuterait certainement parce que (en supposant que le système ait débuté lors d'une dépression, ce qui est, en réalité, probablement le seul moment où il pourrait être adopté) la première action de la Commission Monétaire serait d'augmenter le niveau des prix. Pendant une telle « reflation » le taux de croissance du niveau des prix (taux de chute de la valeur du dollar) devrait être soustrait au taux d'intérêt nominal (i.e. le taux en termes d'argent). C'est seulement ainsi que taux réel, ou taux en termes de bien, peurt être calculé.

Par exemple, si, sur un prêt d'un an, le taux d'intérêt nominal était de 6% et si le niveau des prix montait (i.e. la valeur du dollar chutait) de 1%, le taux d'intérêt *réel* serait de 5%. En effet, la personne qui aujourd'hui emprunte, disons, 100$ à 6% aura à rembourser un an plus tard 106$ mais ces 106$ dans un an ne vaudront plus que 105$ de l'année où l'emprunt a été effectué.[31]

Après la reflation, nous – les débiteurs et les créditeurs de la même façon-bénéficierons d'une plus grande stabilité.

Sous le système 10%, le manque de fiabilité du dollar

---

[31] Voir : Irivng Fisher, *The Theory of Interest,* New York, MacMillan Co., 1930.

fait baisser et monter les taux d'intérêt de façon incessante, spécialement le taux d'intérêt *réel*. Pendant un boom, tandis que le dollar se déprécie, le taux d'intérêt réel est souvent en dessous de zéro, ce qui bénéficie temporairement à l'emprunteur mais le pousse à s'endetter excessivement et aboutit en une dépression et une déflation avec un taux d'intérêt réel parfois au dessus de 50%.

Même si les taux d'intérêt nominaux s'avéraient plus élevés au départ sous le système 100% qu'ils ne le sont sous le système 10%, ce qui apparait comme bon marché n'est aujourd'hui qu'un piège et une illusion, en grande partie car le système 10% entraine les booms et les dépressions. Sous un tel système, l'emprunteur perd beaucoup plus que ce qu'il a à gagner avec de l'argent nominalement à bas prix, à supposer qu'il puisse y accéder. Souvent, Il perd sa solvabilité, il ne peut pas du tout emprunter même au prix fort ou il ne peut pas renouveler un prêt quand il en a le plus besoin alors qu'on le lui avait promis (et alors même qu'il n'aurait pas emprunté sans cette promesse). Le petit emprunteur moyen serait sur le long terme (ce qui inclut des dépressions) bien mieux loti sous le système 100% même s'il avait à payer un taux d'intérêt nominalement élevé, au lieu du taux d'intérêt faible qui, je pense, prévaudrait sous un système 100%. Il aurait toujours accès à des prêts à un certain prix, alors qu'aujourd'hui, il n'y a souvent tout simplement pas accès quel que soit le prix. C'est quand cela arrive – quand l'homme d'affaire ne peut obtenir ou renouveler le prêt dont il a tant besoin - qu'il voit de façon soudaine son affaire tomber entre les mains du banquier. Ceci est habituellement mauvais pour l'homme d'affaire, pour le banquier et pour le public.

Le système 10% déforme les taux d'intérêt

Sous le système 10%, le taux d'intérêt ne tend généralement pas à équilibrer l'offre de prêt et la demande d'emprunt. Ceci est principalement dû, comme nous venons de le voir, aux effets fâcheux des variations du niveau des prix sur les taux d'intérêts, spécialement le taux d'intérêt réel. Cependant, il faut noter que, même quand le niveau des prix est, pendant un temps, stabilisé avec succès sous le système 10%, c'est au prix d'une manipulation des taux d'intérêt même[32], déformant nécessairement le taux d'intérêt tel qu'il aurait dû être normalement, c'est-à-dire le résultat de la confrontation entre l'offre et la demande de prêt. C'est un handicap de plus pour ce système. En effet, lorsque les *Federal Reserve Banks* haussent ou baissent les taux d'intérêt dans le but d'empêcher l'inflation ou la déflation, de telles interventions agissent nécessairement d'une façon ou d'une autre sur le marché monétaire naturel.

En fait, après le décès du gouverneur Strong, ses efforts de stabilisation sont presque morts avec lui. En poursuivant sa politique, il a mis des bâtons dans les roues des banquiers en utilisant les taux d'intérêts à une fin stabilisatrice, « contrariant le marché obligataire » et souvent « encombrant » les Federal Reserve Banks avec des obligations qu'elles ne désiraient pas vraiment dans leur portefeuille mais pratiquement insérées de force

---

[32] Voir, dans le Chapitre VI, « Le système 10% est relativement incontrôlable ».

par les politiques de Strong. Il est vrai que l'hostilité qui l'entourait alors était principalement due au fait que les critiques de Strong ne comprenaient pas l'importance d'une stabilisation générale, mais c'était également pour la raison très légitime que, sous la politique de Strong, les taux d'intérêt ne reflétaient pas l'état du marché des fonds prêtables comme ils l'auraient dû. Il devait nécessairement y avoir une légère distorsion.

Le système 100% facilite l'équilibre sur le marché des fonds prêtables en rendant le taux d'intérêt réellement ce qu'il semble être.

Sous le système 100%, le rôle stabilisateur de la Commission Monétaire causerait bien moins de perturbations sur les taux d'intérêt – même en ce qui concerne le taux nominal - qu'il ne le faut sous le système 10% actuel. Les taux d'intérêt atteindraient leur niveau naturellement en fonction de l'offre et de la demande de fonds prêtables, et les taux ne subiraient pas la perturbation d'une instabilité monétaire. La Commission Monétaire, simplement en stabilisant le pouvoir d'achat du dollar enregistrerait automatiquement un taux d'intérêt bien plus proche du vrai taux d'intérêt que cela n'est possible aujourd'hui.

Les raisons pour lesquelles les taux d'intérêt devraient être plus normaux sous le système 100% qu'ils ne peuvent l'être sous le système 10% sont claires.

Tout d'abord, les opérations d'Open Market ne seraient pas aussi importantes qu'elles ne le sont aujourd'hui. Elles seraient triviales en comparaison car il n'y aurait pas de fluctuations violentes du volume de monnaie à combattre.

En second lieu, tant que le dollar est maintenu stable, les taux d'intérêt, c'est-à-dire les termes suivant lesquels s'échangent les dollars de cette année contre ceux de l'année prochaine ou des années suivantes, chercheraient et trouveraient plus aisément leur niveau approprié sans être perturbés par les bouleversements du niveau des prix et de la valeur de l'unité monétaire.

Etudions en détail certaines influences affectant le taux d'intérêt.

Nous savons que l'emprunt tend à hausser le taux d'intérêt et le prêt à le baisser. De la même manière, la vente d'obligations tend à augmenter le taux d'intérêt de ces mêmes obligations (en baissant le prix de ces obligations) et leur achat tend à faire baisser le taux. Vendre des obligations et emprunter de l'argent sont équivalent comme le sont l'achat d'obligation et le prêt d'argent.

Avec cela en tête, supposons qu'à cause d'un changement de psychologie (disons après une merveilleuse campagne de frugalité comme dans l'ancien temps), l'épargne dusse grossir au-delà de la capacité des banques membres à trouver des emprunteurs et ainsi rendant l'offre de fonds prêtables, à un certain taux d'intérêt, supérieure à la demande, de façon à ce que le marché soit en déséquilibre. La conséquence d'une telle situation devrait être une baisse du taux d'intérêt, et sous le système 100%, ce serait en effet ce qui se passerait.

Les banques, noyées sous les fonds prêtables, iraient vers les *Federal Reserve Banks* et achèteraient des obligations (ou rembourseraient leurs prêts). Les *Federal Reserve Banks* inondées à leur tour par le flux de fonds reçus pour ces obligations se tourneraient vers le Commission Monétaire et lui achèteraient des obligations (ou rembourseraient des prêts). La Commission Monétaire, à son tour inondée par l'achat de cet argent et désirant le remettre en circulation (pour éviter de le thésauriser et de provoquer ainsi une déflation) deviendrait un enchérisseur actif sur les marchés ouverts obligataires et d'autres actifs. Ces achats d'obligations ou ces prêts supplémentaires feraient baisser les taux d'intérêt, décourageant ainsi le prêt et encourageant l'emprunt. En conséquence, l'offre excessive de fonds prêtables serait jugulée et la demande déficiente serait stimulée, jusqu'à que nous retrouvions un équilibre entre l'offre et la demande et que cet équilibre soit trouvée à un taux d'intérêt plus faible.

Sous le système 10%, par contre, l'épargne irait en partie vers le remboursement de prêts de banques commerciales. Et la réduction des prêts entrainerait une réduction des dépôts sur compte chèque entrainant *une chute du niveau des prix.* L'effet serait de les réduire nominalement mais de les augmenter réellement en termes de biens. Ce résultat est très fortement anormal.

Dans le sens opposé le résultat est également fortement anormal sous le système 10%. Supposons qu'à cause d'un changement de psychologie, la demande de fonds excède l'offre. Supposons, par exemple, que sous l'influence d'une tendance dernier-cri à dépenser plus que l'on ne gagne, il y ait une baisse de l'épargne. La conséquence d'une telle situation devrait être une hausse du taux d'intérêt et sous le système 100%, c'est bien ce qui arriverait. On demanderait aux banques plus de prêts qu'elles n'ont d'argent à prêter. Ces dernières demanderaient des prêts ou le réescompte de titres auprès des *Federal Reserve Banks* qui, à leur tour, se tourneraient vers la Commission Monétaire qui, à son tour, se tournerait vers le public, c'est-à-dire deviendrait un emprunteur, ou vendrait des obligations sur l'Open Market. Tous ces emprunts ou ventes d'obligations supplémentaires tendraient à faire monter le taux d'intérêt, car la vente d'obligations, ou de toute créance à échéance futur, tendrait à réduire leur prix, ce qui signifie une augmentation du taux d'intérêt porté par l'obligation. Quand le taux d'intérêt a augmenté suffisamment pour faire baisser la demande excessive de prêt et faire remonter l'offre déficiente, au point où les deux se rejoignent, l'équilibre de ce marché sera retrouvé.

Sous le système 10%, par contre, le résultat d'une nouvelle et excessive demande de prêt peut être de gonfler les prêts à court-terme des banques commerciales, gonflant ainsi les dépôts sur compte chèque et augmentant le niveau des prix. L'effet sur les taux d'intérêt serait de les augmenter nominalement mais (à cause de l'évolution des prix) de les baisser en termes de biens réels, un résultat fortement anormal.

De même, si les variations de demande et d'offre de prêts n'étaient pas dues à un changement de psychologie comme ci-dessus, à une frugalité plus ou moins grande, mais à une évolution des opportunités d'investissement, les conséquences seraient également divergentes sous les deux systèmes. Sous le système 100%, le résultat serait encore une fois normal, parce que libre de toute perturbation du niveau des prix. Mais sous le système 10%, les perturbations du niveau des prix donneraient des résultats sens dessus-dessous.

Supposons, par exemple, qu'il y ait une augmentation de la demande de prêts à cause des grandes espérances de profits que promet l'achat d'actions ordinaires d'entreprises exploitant de nouvelles et merveilleuses inventions. Ainsi, les gens pourraient emprunter à un taux bien plus bas que le taux de profit qu'ils espèrent recevoir grâce aux dividendes. Sous le système 100%, cela causerait peu de dommages car le taux d'intérêt, à la fois nominal et réel, augmenterait et contiendrait les emprunteurs. Il n'y aurait en effet pas d'augmentation du niveau des prix pour le tromper et le pousser à emprunter toujours plus.

Mais sous le système 10%, il y aurait une augmentation du niveau des prix et un boom. Les taux d'intérêt réels et nominaux prendraient alors deux chemins différents. Les taux d'intérêt réels chuteraient quand ils devraient augmenter et les victimes se réveilleront pour réaliser qu'au lieu d'avoir investi de l'épargne, ils ont investi des fonds imaginaires ou créés de toute pièce qu'on leur avait prêtés à partir de rien mis à part leurs propres titres de créance. C'est ce qui est arrivé en 1929.

Normalement, répétons-le, les investissements proviennent de l'épargne. Si les investissements sont réalisés à partir d'argent emprunté, ils devraient au moins provenir de l'épargne de quelqu'un d'autre. Mais, sous le système 10%, ils peuvent sembler, durant une période de mauvais augure, provenir du néant, c'est-à-dire à partir de l'inflation des moyens de paiement. Pendant la guerre, je me souviens d'un orateur pressant son auditoire à acheter des Liberty Bonds.[33] « Vous n'avez pas besoin d'épargner pour cela», leur assurait-il, « ni de cesser de dépenser. Vous pouvez emprunter à la banque tout l'argent dont vous avez besoin pour payer les Liberty Bonds que vous achetez. Si la banque demande une garantie, ils accepteront les Liberty Bonds que vous achetez avec l'argent qu'elles vous prêtent pour les acheter. C'est une sorte de mouvement perpétuel. ». Cela signifiait bien sûr, inflation.

De tels « investissements » ne provenaient pas de l'épargne des soi-disant « investisseurs » ou des soi-disant « prêteurs » (les banques), mais, dans les faits, provenaient de l'épargne forcée, i.e. une consommation réduite du public en conséquence de la hausse du coût de la vie.

Ce type de faux-investissements et sacrifice transféré est exactement ce qu'il arrive sous le système 10%, que ce soit durant une campagne pour les Liberty Bonds ou durant une vague de spéculation sur le marché des actions. Sous le système 100%, non seulement l'épargne et l'investissement avanceraient justement main dans la main, mais les taux d'intérêt réels et nominaux

---

[33] NTD, les «Liberty Bonds» étaient des obligations d'État vendues pendant la Première Guerre Mondiale aux États-Unis pour soutenir l'effort de guerre.

évolueraient également dans le même sens. Les investissements et les intérêts dépendraient tout deux normalement de l'offre et de la demande de fonds prêtables, sans subir les perversions causées par les variations de la valeur du dollar.

En un mot, donner à nouveau au taux d'intérêt sa signification propre et sa fonction de régulateur du marché des prêts serait un des mérites du système 100% proposé.

Une baisse progressive du taux d'intérêt

Ainsi, sous le système 100%, stabiliser le dollar et laisser le taux d'intérêt être régulé par de vrais principes économiques seront des entreprises cohérentes. Et, dans une société en croissance, avec le besoin en résultant d'une constante augmentation de l'offre de monnaie pour empêcher le dollar de s'apprécier, la Commission Monétaire serait habituellement clairement du côté des acheteurs (utilisant des nouvelles émissions de monnaie) et comme ce serait des achats d'obligations d'État et d'autres obligation qui paieraient des sommes fixées dans le futur, de tels achats (i.e. prêts) exerceraient une pression à la hausse sur leur prix et ainsi une pression à la baisse sur les taux d'intérêt représentés par ces prix.

Ainsi, sous le système 100%, tout bien considéré, la création annuelle de monnaie serait émise serait émise sous forme de prêts, c'est-à-dire d'achat de titres portant un intérêt. Cette création de monnaie ne serait pas inflationniste, mais restreintes aux besoins de l'économie pour maintenir la valeur du dollar.

Cette augmentation annuelle de prêts et autres investissements à partir de nouvel argent émis serait légère. De plus, comme cela apparait déjà clairement lors des passages précédents, elle ne représenterait pas grand-chose par rapport aux volumes d'épargne voire serait totalement éclipsée. Les véritables déterminants du taux d'intérêt ne seraient ainsi pas tant les opérations de la Commission Monétaire mais les principes fondamentaux généraux indiqués sur la couverture de ma *Théorie de l'intérêt* où le taux d'intérêt est dit être « déterminé par l'impatience de dépenser le revenu et l'opportunité de l'investir ».

Concernant le taux d'intérêt, l'effet vraiment important en provenance du système 100% serait celui d'une accumulation ininterrompue de l'épargne, ayant pour conséquence une baisse graduelle et progressive des taux d'intérêts.

Des prêts plus longs dans le temps

Un effet accessoire mais important du système 100% serait d'allonger la durée moyenne des prêts bancaires. Sous le système 10%, les banques essaient souvent de rendre les prêts le plus court possible à leur convenance, bien que les emprunteurs les veuillent plus longs. En effet, les banques ont besoin d'être « liquides » et d'être capables, dans un bref délai, de rapatrier de l'argent pour renforcer leurs fragiles réserves.

Evidemment, ceci est un autre défaut du système 10% et un défaut très grave. La longueur des prêts devrait principalement « convenir au monde des affaires » et non pas aux banques. Une des conséquences du système 10%, adapté comme il l'est à la situation précaire des banques détenant de faibles réserves et d'importants dépôts à vue, est de voir les prêts anormalement à court-terme aujourd'hui.

La demande de prêt à long terme est bien plus importante que l'offre disponible. En fait, pour faire des affaires, les banques commerciales doivent souvent promettre, à l'avance, de renouveler leurs prêts à court-terme. Habituellement, cette promesse est orale, et lorsqu'elle est difficile à tenir, facilement non tenue par le banquier qui détruit souvent l'affaire de l'emprunteur du même coup. Parfois, les emprunteurs ont des comptes dans différentes banques afin de pouvoir emprunter dans chacune à tour de rôle le prêt qu'ils souhaiteraient prolonger. Mais quand toutes les banques demandent à être remboursées en même temps, les besoins des emprunteurs ne peuvent être satisfaits par cette rotation.

Sous le système 100%, cette difficulté à obtenir ces renouvellements, un des grand inconvénients du système actuel pour le monde des affaires, ne serait pas aussi criante. L'emprunteur serait plus à même de stipuler à l'avance la longueur du prêt qu'il désire, car les besoins de ses propres affaires ne passeraient plus au second plan par rapport aux besoins de « liquidité » des banques (ce qui signifie quasiment minimum requis de réserve). De plus, le plan de remboursement ne serait pas une fiction, comme c'est souvent le cas aujourd'hui, mais un programme, comme celui du plan de remboursement d'un fond d'amortissement sur des obligations à long-terme, quelque chose à quoi on doit se tenir selon la procédure.

Le système actuel de soi-disant prêts à court-terme est particulièrement décevant en temps de dépression. Le rétablissement d'une dépression demande des prêts longs en capital, pas de prêts commerciaux à court-termes. Mais les banques ont besoin de l'inverse. D'où les allégations du monde des affaires de ne pas pouvoir obtenir de prêts et des banques de ne pas pouvoir en faire.

Et durant les dépressions les prêts tendent à être gelés malgré les banques. Mr Hemphill observe que, lors des précédentes dépressions, la reprise a débuté grâce aux banques les plus aventureuses, souvent dans les communautés rurales, qui ont relancées la machine en donnant à leurs clients ce qu'ils voulaient, des prêts en capital. Ces banques ont été pratiquement toutes balayées par la dépression actuelle, rendant ce type de rétablissement impossible.

Ainsi, le système 10% est incapable de donner les prêts à long-terme en capital dont le monde des affaires et industriel ont besoin, et les banques qui tentent d'accorder de tels prêts à long-terme se font éliminer.

Et ce ne sont pas seulement les dépressions qui gèlent les prêts et mettent ainsi les banques en faillite. Même en temps normal, il y a une tendance progressive à voir les prêts geler. Si au départ, seulement 5% du portefeuille des banques est constitué de prêts renouvelés, il faudra attendre peu de temps pour voir ce chiffre atteindre 10% car les prêts en capital sont ceux les plus nécessaires et les plus demandés, tandis que les banques, ayant faim de profits, vont les accorder jusqu'à un certain point presque malgré elles. Elles vont le faire sous la forme de prêts à court-terme avec une promesse de renouvellement. De cette façon, les 5% deviennent rapidement 10%. Ainsi, avec l'ajout de plus en plus de prêts à long terme et peu de soustractions, le portefeuille tend à être entièrement gelé à terme. En conséquence, on voit une tendance progressive vers des actifs non-liquides tandis que les éléments du passif – les dépôts à vue – restent fluides.

Jusqu'à récemment, cette tendance progressive de nos banques commerciales à geler les prêts a été compensée en partie par la création annuelle de nouvelles banques augmentant les moyens de paiement en circulation. En effet, quand le public est bien fourni en moyens de paiement, il tend d'autant plus à emprunter et déposer. Cependant, avec l'arrêt de la création de nouvelles banques, la tendance à geler devient dominante.

Ainsi, le problème des prêts à long terme est grave par bien des côtés, et le fait que le système 100% rendrait de tels prêts possibles et surs n'est pas le moindre de ses mérites.

Prêter moins, investir plus

En accordant des prêts plus longs, les banques seraient incitées à investir dans des actions privilégiées ou des actions ordinaires. C'est simplement une étape au-delà du remplacement des dépôts à vue par les dépôts à terme. Les banques commerciales tendraient naturellement à devenir des banques d'investissement dans toutes leurs formes et peut-être dans des formes nouvelles correspondant à ce que le public veut au lieu de ce qu'ont aujourd'hui besoin les banquiers dans leur camisole de force.

Tout ceci ne signifie pas que l'emprunt cesserait ou même que l'emprunt à court-terme cesserait, mais simplement que les prêts à court-terme auraient une importance relativement moindre dans les portefeuilles des banques. Sous notre système actuel, les prêts à court-terme deviennent souvent des prêts gelés.

Résumé

La portée du système 100% pour le monde des affaires comporterait : (1) Un dollar stable, (2) l'atténuation, voire la quasi-abolition, des *grands* booms et des *grandes* dépressions, (3) des opérations normales de prêt facilitées, avec une offre et une demande à l'équilibre, et des fonds prêtables toujours disponibles *à un prix*, (4) des taux nominaux et réels évoluant ensemble de la même façon, (5) une épargne et un investissement plus proches, (6) une accumulation d'épargne plus grande et plus stable, et à terme des taux d'intérêt plus bas et (7) des longueurs de prêt à la convenance de l'homme d'affaire et non plus à celle du banquier.

Chapitre IX

La portée du système 100% pour l'industrie bancaire

Dédommager les banques commerciales

C omme indiqué dans la partie I, les banques devraient être dédommagées d'une façon ou d'une autre, au moins au début. En effet, il faudra compenser la mise en repos (de leur point de vue) requise par la loi sous le système 100% des réserves supplémentaires en argent nouveau substituées aux actifs à rendement qu'ils ont dû remettre à la Commission Monétaire.

Au départ, il peut sembler que ce dédommagement serait très important, presque égal (à l'exception des *Federal Reserve Banks*) aux rendements des actifs achetés par la Commission Monétaire. En fait, ces rendements semblent à première vue la mesure exacte des pertes subies. Mais une plus ample réflexion nous pousse à croire qu'un montant bien plus faible serait suffisant en réalité, car, sur le long-terme, les banques ne réaliseraient pas une perte nette mais un gain net.

Tout d'abord, sous le système actuel, les banquiers doivent dédier beaucoup de temps, d'efforts, et de dépenses pour effectuer le suivi des transferts et des soldes des dépôts sur compte chèque. Sous le système 100%, les déposants devront peut-être payer un peu de frais de service et de dépôts à la banque pour la garde de leur argent et le suivi des transferts par chèques. En Allemagne, où la gestion du réseau de banque postale, a fourni un précédent d'un fonctionnement réussi de système 100% pendant de nombreuses années, une loi a été passée en Décembre 1934 permettant la facturation de tels frais de services et donnant un contrôle plus important à un Bureau Gouvernemental de Contrôle du Crédit sur la création de crédit par les banques. Ce Bureau Central a le pouvoir de déterminer l'utilisation et le montant de ces frais de service.

Au moment où j'écris, il semble que les banques pourraient atteindre des réserves de 100% simplement en vendant 10 milliards d'obligations d'État, renonçant ainsi à peu près à 300,000,000$ d'intérêts annuels qui pourraient être plus que compensés par des frais de service facturés à chaque détenteur d'un compte chèque.[34]

En second lieu, sous notre système actuel, l'activité bancaire est particulièrement risquée. Le système 100% réduirait ce risque à zéro en ce qui concerne la gestion des comptes chèque car les banques ne vivraient plus sous la menace de devoir parfois urgemment et radicalement des prêts afin renforcer leurs réserves insuffisantes et ne pas faire faillite. Ainsi, elles n'auraient plus à subir ces pertes périodiques aujourd'hui inévitables dus aux grandes dépressions.

---

[34] Les banques facturent déjà des frais de service quand le montant moyen sur un compte se situe en dessous d'un certain minimum. Ce montant minimum et les frais de service dépendent selon l'endroit, le type de banque ou l'activité du compte. Les plus grandes banques entretiennent même des départements d'analyse qui calculent le coût véritable de chaque compte pour la banque.

En troisième lieu, en conséquence de la nature risquée de l'activité bancaire, une partie des titres détenus par les banques, devant être hautement liquide par peur d'une ruée sur les banques, ne rapporte aujourd'hui presque rien. Sous le système 100%, grâce à l'absence de tels risques, de tels titres pourraient être intégralement remplacés par des actifs à rendement supérieur.

En quatrième lieu, quels que soient les montants perdus par l'industrie bancaire à cause de la disparition des revenus provenant du prêt à court-terme de l'argent détenu sur compte chèque, cela serait finalement compensé, probablement plusieurs fois, par l'augmentation des prêts à long-terme provenant de l'argent détenu sur les dépôts d'épargne ou à terme, sans parler de l'augmentation des investissements.

En prenant tout cela en considération, il est peu probable que les profits d'une banque moyenne, fonctionnant sous un système 10% pendant une période de 10 à 20 ans, soient très élevés. En fait, si c'était le cas, nous verrions des flux très importants de capital être injectés dans l'activité de banque commerciale. Au lieu de cela, nous voyons des milliers de ces banques faire faillite.

Même lors les meilleures années, les profits des banques sont moindres qu'ils n'apparaissent à première vue. Le 30 juin 1926, l'ensemble des dépôts sujets à être transférés par chèque dans les Banques nationales[35] s'élevait à 9,800,000,000$, leur capital et excédent à

---

[35] NDT : sujettes à la régulation de Washington.

2,600,000,000$ et la totalité de leur profit net à 249,000,000$. Une partie de ce profit perdurerait sous le système 100% car les banques seraient toujours libres de prêter leur propre capital et excédent. Si le retour normal sur un capital propre et excédent de 2,600,000,000 est de 5%, soit 130,000,000$, et si un montant de profit supérieur à cette somme peut être encaissé sous le système 100% grâce à l'activité de prêt depuis les dépôts sur compte d'épargne ou autrement, il resterait moins de 119,000,000$ (des 249,000,000$ de profit) à attribuer au privilège de pouvoir prêter plusieurs fois les réserves. 119,000,000$ équivaudraient à seulement à peu près 1,2% des 9,800,000,000$ de dépôts sur compte chèque en 1926, qui fut une année exceptionnellement prospère.

Ainsi, l'avantage d'origine des banques consistant à prêter la monnaie véritable déposée chez elles dix fois de suite est depuis longtemps épuisé. Les profits vraiment importants ont été engrangés il y a déjà bien longtemps. Sous l'effet de la compétition, les efforts mêmes pour obtenir ces profits les ont réduits, en offrant des intérêts sur les dépôts sujets à chèque par exemple.

Comme nous l'avons indiqué dans le chapitre III, aujourd'hui une banque nouvellement établie débutant avec, disons, un million de dollars d'argent véritable déposé chez elle ne pourrait en aucune façon, contrairement à ce que beaucoup supposent faussement, présenter un bilan avec 1,000,000$ de réserve et 10,000,000$ de dépôts (et 10,000,000$ de prêts et d'investissements). En réalité, les trois chiffres seraient presque dix fois plus petits, c'est-à-dire presque

100,000$ de réserve et 1,000,000$ de dépôts (et
1,000,000$ de prêts et investissements) pour la bonne
raison que la banque ne peut empêcher de voir la
majeure partie de cet argent s'éparpiller dans les autres
banques du pays.

Calculer une juste compensation

Evidemment, la question d'une évaluation juste des
pertes causées par le remplacement d'actifs à rendement
par des actifs sans rendement est trop technique pour
être discutée intégralement et parfaitement résolue ici.
Les experts bancaires auraient à résoudre ce problème
sur la base des données existantes, en y incluant à la fois
les bonnes et les mauvaises années, concernant les
éléments suivants : profits, pertes, faillites, dividendes,
évaluation, intérêts payés par les banques aux dépôts sur
compte chèque comparé aux intérêts touchés sur les
prêts, le minimum requis de dépôt comme pré-
condition à un prêt, et le prix de marché des actions
bancaires comparé à leur valeur liquidative.

Cependant, nous n'avons pas besoin d'attendre
qu'une telle expertise soit réalisée, car nous n'avons pas
besoin, tout du moins au départ, d'établir le système
100% dans sa forme la plus pure. Le plan de
« compromis » décrit dans le chapitre II pourrait
presque être adopté du jour au lendemain comme
expédient temporaire ou même comme solution
permanente au problème. Sous ce plan, les obligations
d'État compteraient pour de l'argent sonnant.

Il serait seulement nécessaire de limiter correctement
le volume d'obligations qui pourrait être utilisé à cette

fin par les banques dans leur ensemble. La limitation la plus simple serait de maintenir ce volume à un montant fixe. Au-delà ce montant fixe, tout dollar supplémentaire de dépôt sur compte chèque devrait représenter un dollar supplémentaire d'argent véritable, exactement comme selon la loi anglaise, au-delà d'un montant prescrit de titres d'État détenus par le Département d'Emission de la Banque d'Angleterre, toute livre sterling supplémentaire doit représenter une livre sterling supplémentaire d'or.

Sous ce plan, comme nous l'avons mentionné lors du Chapitre II, les obligations pourraient être échangées contre de l'argent sonnant immédiatement ou, ce qui revient à la même chose, pourrait être utilisées comme collatéral pour des prêts d'urgence avec intérêts des *Federal Reserve Banks*.[36] Lorsqu'elles arriveraient à maturité, les obligations seraient remboursées ou d'autres sources de revenus, telles que les frais de service, remplaceraient les intérêts des obligations.

L'émission de nouvelle monnaie (ou crédit) n'impliquerait pas de nouvelle taxe et l'échange d'obligations à intérêt contre des obligations sans rendement réduirait même les impôts. Nous aurions ainsi les moyens d'être généreux avec les banques, mais ce serait un gaspillage que d'accorder un remboursement irraisonnable. Sous ce plan de compromis, on ne toucherait pas, pour le moment du moins, à une source principale de revenu pour les banques, les 300,000,000$ d'intérêt provenant des

---

[36] Avec une telle super liquidité, les banques seraient largement incitées à prêter à bas taux d'intérêts.

obligations d'État.

Beaucoup se demanderont pourquoi devrait-on dédommager la baisse du potentiel de profit des banques alors même qu'une grande partie de ces profits provient de l'usurpation d'une prérogative de l'État, à savoir la création monétaire. Il y a deux raisons à cela. Tout d'abord, même s'il peut se sembler injustifié à certains, le sentiment sincère des banquiers d'être traités injustement doit être dissipé autant que possible (et ce compromis réduirait les chances de voir l'implémentation système retardée par l'opposition des banquiers). Secondement, non seulement les banquiers professionnels mais tous ceux qui ont des parts dans le capital des banques parmi le public en général, ont acheté ces actions de bonne foi et ont des « droits acquis » qui doivent être respectés. Même si une réquisition radicale des dépôts sur compte chèque ne leur porterait tort que temporairement, cela resterait vrai. Ce ne sont que « d'innocents détenteurs de valeur ».

Le remboursement des Federal Reserve Banks

Dans le cas des Federal Reserve Banks, rien ne devrait, il me semble, être payé en « compensation » en plus des 6% de rendement sur le capital qu'il faudrait leur donner, et peut-être ne faudrait-il rien leur donner du tout. A l'origine, ces 6% étaient le profit que leur accordait le Federal Reserve Act. Cette limitation à 6%, pour d'étranges raisons, fut ensuite abolie mais a été maintenant restaurée.

Ces banques ont été créés dans le but de fonctionner afin d'aider les banques membres et l'économie en général, et non pas pour se soucier de leur profit privé. Toute recherche de profit au sein des directions de banque centrale a toujours été une source de danger. Ceci est spécialement vrai sous le système 10%. Une banque centrale, dans le but d'aider les autres banques, doit souvent prendre une direction diamétralement opposée à celle qui lui aurait été le plus profitable à elle-même.

En conséquence, la recherche de profit est devenue secondaire pour les banques centrales, même pour la banque d'Angleterre, qui a toujours été soi-disant une banque privée à but lucratif.

L'argent flottant

Lorsque l'on calcule les montants déposés dans une banque donnée ou au sein de la nation à la date choisie pour le remboursement, une difficulté se présente sous la forme « d'argent flottant », i.e. les chèques en transit d'une banque à l'autre en attente d'être encaissés. Quand un chèque de 100$ provenant d'une banque est déposé dans une seconde, il est crédité au déposant (dans la seconde banque) mais il ne peut pas être débité à son signataire simultanément (dans la première banque). Le chèque doit prendre un certain temps pour arriver jusqu'à la première banque et y être enregistré. Pendant ce temps, les dépôts totaux de la première banque (d'où l'argent est retiré) et ainsi les dépôts totaux au sein de la nation sont exagérés de 100$.

La façon la plus précise pour arriver au chiffre exact

concernant les dépôts sur compte chèque dans chaque banque à une date spécifique serait de ne pas prendre en compte, à partir de cette date, durant une période raisonnable, tout chèque à créditer jusqu'à qu'il soit collecté, c'est-à-dire d'utiliser le système de « crédit différé ». Une autre méthode serait, au lieu d'utiliser une date en particulier pour calculer les dépôts, de prendre une moyenne estimée des dépôts sur compte chèque, durant une période, en lui soustrayant une juste moyenne « d'argent flottant ». Il existe d'autres façons de les estimer.

Des réserves de 100% en couverture des billets de banques ?

Dans les tables illustratives données dans le Chapitre IV, les billets de banque (Federal Reserve Notes and National Bank notes) ont été par simplicité d'exposition traité comme des dépôts sur compte chèque et devaient être couvert par des réserves de 100% au sein de la Commission Monétaire. Il serait cependant peu nécessaire de couvrir les billets de banque par de la monnaie de la Commission Monétaire, un type de papier pour couvrir l'autre. Bien évidemment, cela pourrait être fait et alors le vieux papier pourrait être échangé contre le nouveau papier de façon à ce que seule la nouvelle forme de monnaie (monnaie de la Commission) circulerait dans le pays. Une telle simplification apparaît comme très attrayante, mais, d'un point de vue pratique, nous pourrions très bien nous contenter de laisser circuler ces billets de banque préexistants, les limitant au montant en circulation lors de la mise en application de la loi 100% et les considérer comme argent au porteur comme nous avions maintenu les 346,000,000$ de « greenbacks » en les limitant à ce montant, il y a 60 ans. Des considérations similaires s'appliquent aux certificats en argent et autres éléments au sein de notre catalogue de monnaie papier. Il ne faut parfois pas réveiller une bête assoupie.

L'assurance des dépôts

Deux réformes bancaires d'importance ont été récemment suggérées: l'assurance des dépôts et le développement de filiales bancaires. La première de ces deux réformes a été en grande partie instituée par une loi.[37]

En tant qu'expédient temporaire, l'assurance des dépôts fut une mesure utile afin de nous sortir de la dépression. Néanmoins, dans le cas des banques d'État, l'expérience nous montre qu'assurer les dépôts a eu la plupart du temps pour effet d'augmenter le risque porté par les dépôts assurés, en encourageant des pratiques bancaires imprudentes. En effet, l'assurance contre ces risques paraît si fiable, que les banques ont tendance à relâcher leurs efforts en termes de gestion du risque, spécialement lorsque cette gestion des risques est coûteuse comme c'est très souvent le cas sous le système 10%.

Les experts en investissement, les études au sujet du crédit, et bien d'autres éléments demandant des dépenses et il y a une tendance à éliminer ces coûts

---

[37] Glass Steagal Permanent Banking Law, Being No 66 of the 73rd Congress. Voir aussi Banking Act de 1935.

importants dès que la banque les trouve inutiles, comme c'est le cas lorsque les dépôts sont garantis. En conséquence, on a souvent vu une diminution des protections contre le risque et une hausse simultanée des risques pris par les banques. L'assurance des dépôts amène actuellement de la sécurité mais cette sécurité pourrait bien devenir un danger, si nous gardons l'intrinsèquement dangereux système 10%.

Dans le cas de l'assurance des dépôts, ce sont les grandes banques et non les petites qui ont des raisons de trembler. En effet, ce sont les grandes banques qui en cas de faillite auront à payer le gros des frais de l'assurance des dépôts.

Le système 100% leur ferait économiser ce coût. On ne pourrait imaginer une meilleure assurance des dépôts que le système 100%.

Les filiales bancaires

Le système 100% préserverait également les petites banques d'une chose qu'elles ont toujours crainte, le développement de filiales bancaires. La grande vertu du développement des filiales bancaires est de procurer une protection supplémentaire contre les ruées vers les banques et les faillites bancaires. C'est en effet un grand avantage, et, de ce fait, si l'on adhère au système 10%, il faudrait généraliser le développement des filiales bancaires. Mais dans ce pays, avec ses traditions d'indépendance locale, le développement des filiales bancaires apparaîtrait d'un bénéfice douteux dans de nombreuses localités. Cela aurait pour signification un propriétaire lointain et absent et une domination des grandes banques, ces deux éléments semblant inacceptables aux États-Unis. Le système 100% fournirait une bien meilleure protection contre les ruées et les faillites que ne le ferait le développement de filiales.

Ainsi, les petites banques indépendantes ont de bonnes raisons d'être favorables au système 100%, car cela leur procurerait la plus grande sécurité possible et leur ferait éviter la menace du développement de filiales bancaires.

Les dépôts dans les banques des petites villes sous le système 100%

Dans une petite ville sans infrastructure de banque de dépôts, le gouvernement pourrait prendre l'initiative de fournir ces infrastrucres de dépôts sur compte chèque, par subvention ou en utilisant les bureaux de poste, si cela semblait le meilleur moyen.

Si les infrastructures bancaires, y compris de prêt bancaire, devaient disparaître au sein d'une communauté, le développement de filiales devrait être encouragé. Il n'y aurait en effet dans ce cas aucune objection de la part des petites banques ou de qui que ce soit. Dans le sens inverse, si une petite banque était sur le point de faire faillite, on devrait l'en empêcher en lui donnant l'opportunité de devenit une filiale d'une grande banque.

Ce n'est ni le moment ni l'endroit où discuter en détail du problème américain des petites banques. Je voudrais seulement insister sur le fait que le système 10% est plus dangereux lorsqu'il y a de nombreuses banques indépendantes que quand il y en a peu. Dans les pays dominés par quelques grandes banques avec de nombreuses filiales, comme en Angleterre, les banquiers ont mieux conscience de la pyramide de dettes décrite dans le Chapitre III et se protègent en conséquence.

Il est important de remarquer que les États-Unis sont le seul pays, durant cette dépression, à avoir subi une faillite bancaire généralisée, et que nous ayons dans le même temps souffert d'une contraction plus importante de l'argent sur compte chèque que n'importe quel autre pays.

En un mot, le besoin d'un système 100% est bien plus fort aux États-Unis que dans tout autre pays. Une des autorités les plus qualifiées dans ce domaine m'a écrit ce qui suit :

« L'idée d'équilibrer l'épargne nouvelle et les nouveaux prêts (ou investissements) m'enthousiasme au plus haut point et je suis parfaitement d'accord avec vous que cela est probablement le fondement le plus important d'un système monétaire satisfaisant. Je pense en effet que c'est le point essentiel de la réforme monétaire et bancaire. Dans un pays avec une banque centrale et un petit groupe de banques commerciales efficaces (comme par exemple en Angleterre ou en Suède), je pense qu'un tel idéal, une fois clairement défini, peut être atteint sans un changement important des lois et régulations existantes et certainement sans la mise en application d'un système de réserves de 100%. Mais aux États-Unis, avec ses milliers d'institutions bancaires hétérogènes, je m'accorde entièrement à dire qu'un minimum de réserve de 100% soit la meilleure manière d'atteindre cet idéal recherché. Ceci est la raison principale de mon enthousiasme pour cette proposition. »

Eviter que la loi ne soit contournée dans le futur

Nous avons mentionné, que le système 100% (partiel) imposé à la banque d'Angleterre en 1844 avait été contourné en ayant recours aux dépôts sur compte chèque. De la même manière, le système 100% sur les dépôts sur compte chèque pourrait être contourné et le danger de réserves insuffisantes pourrait réapparaître.

Nous devrions ainsi être sur nos gardes pour empêcher tout autre moyen de paiement de devenir un moyen de contourner la loi. Les dépôts sur compte chèque des banques d'État[38] devront être contrôlés par le gouvernement fédéral, si ce n'est interdits. Il a même été prédit qu'ils deviendraient un jour inconstitutionnels dans des livres[39] intéressants écrits par M. M.K Graham, LL.D, un capitaliste de Graham, Texas. Que la Cour Suprême statue qu'accorder des dépôts sur compte chèque est techniquement « frapper de la monnaie » reste à voir. Peut-être une manière plus rapide et plus approprié de résoudre la question des dépôts des banques d'État serait de déclarer les dépôts sur compte

---

[38] NDT : banques sous la régulation des Etats et non du gouvernement fédéral.
[39] *An Essay on Gold Showing Its Defect as a Standard of Value,* M.K Graham, Texas, Hargreaves Printing Co. Dallas, Texas, 1925. Voir aussi *Continuous Prosperity*, par le même auteur, Parthenon Press, Nashville 1932.

chèque une forme de commerce interétatique et ainsi sous la juridiction du gouvernement fédéral.

De même, les dépôts sur compte épargne ou à terme pourraient devenir un moyen de contournement, s'ils ne sont pas soumis à certaines contraintes nouvelles. Une attention spéciale doit être portée à ne pas permettre l'émission de chèque depuis les dépôts d'épargne.

Les risques des dépôts d'épargne

Il faudra d'avantages de garde-fous pour surveiller les comptes d'épargne à cause de leur importance accrue sous le système 100%.[40]

En général, le système 100% pour les dépôts sur compte chèque tendrait à ajouter une certaine once de sécurité aux dépôts d'épargne. En effet, les ruées vers les banques d'épargne suivent habituellement la contraction des moyens d'échange et l'appréciation du dollar. Comme nous l'avons vu, ces déflations sont principalement une conséquence des réserves insuffisantes pour couvrir les dépôts et de l'action rapide des banques commerciales pour « rectifier » le tir

---

[40] Par exemple, dans le but de prévenir des retraits trop fréquents : (1) les intérêts dus au « déposant » durant une période au lieu de se baser sur sa balance moyenne depuis le début de la période, devraient se fonder sur la balance minimum depuis le début de la période. (2) Aucun intérêt ne devrait être accordé aux dépôts pour lesquels un préavis de retrait a été donné. (3) La concurrence des banque d'épargne postales doit être éliminée ou régulée ; avec le système 100%, elle ne serait plus de grande utilité. (4) Des limitations devraient être mises en place quant aux montants retirables sur un mois, deux mois, etc. (5) La banque devrait avoir le pouvoir de demander un préavis supplémentaire pour les retraits en urgence.

aux dépends des moyens de paiement en circulation. De plus, les titres à court-termes aujourd'hui utilisés pour couvrir les dépôts sur compte chèque seraient disponibles pour couvrir les dépôts d'épargne et à terme.

Néanmoins, il y a de fortes raisons de croire, presque entièrement sans le moindre rapport avec le sujet de ce livre, que le renforcement des provisions des banques d'épargne, spécialement en ce qui concerne les préavis obligatoires des retraits volontaires, serait, dans bien des cas, conseillable. Discuter de cela en détail nous amènerait trop loin de notre sujet. Il me suffit ici de citer l'opinion de deux banquiers expérimentés, M. F. R. Windegger, Président et M. W. L. Gregory,

Vice-Président de la Plaza Bank de Saint Louis, qui dans une lettre jointe m'étant destinée soutinrent le plan 100% :

« La plupart des personnes au sein de la Réserve Fédérale qui ont essayé de résoudre nos problèmes bancaires s'accordaient avant cette dernière dépression pour dire que les réserves couvrant les comptes d'épargne ou à terme étaient insuffisantes et que le violent basculement depuis les dépôts à vue vers les dépôts à terme était en grande partie dû à une situation artificielle provoquée par ces différences de réserve. En fait, nous traitions tous nos dépôts d'épargne et à terme comme des dépôts à vue et nous continuons à le faire, à part en ce qui concerne les certificats à terme de dépôts. Les régulations du comité de direction de la Réserve Fédérale nous empêchent désormais de payer ou de prêter les certificats de dépôts avant leur terme.

Néanmoins, nous remboursons toujours nos déposants en épargne à la demande. Il est important de remarquer que les violentes ruées vers les banques aient été enclenchées par les déposants en épargne ou à terme. Quand les troubles atteignaient leurs sommets en Janvier 1933, pratiquement toutes les banques de Saint Louis devaient faire face à de lourds retraits de personnes qui étaient des déposants en épargne et n'avaient que très peu de difficultés avec les déposants sur compte chèque. Ceci fut vrai à travers la majeure partie du pays.

Nous pensons qu'une donne entièrement nouvelle est nécessaire en ce qui concerne les dépôts en épargne et les certificats de dépôts. Nous sommes favorables à vous voir transformer ce département de notre banque en une sorte de banque d'investissement, mais nous ne pouvons plus permettre à nos clients de faire des dépôts comme auparavant. Quand les gens amènent leur argent pour le déposer dans ce département, on doit leur dire que dans certaines circonstances, il ne serait pas possible de les rembourser à la demande ou nous serions dans l'impossibilité de leur racheter au même prix les titres émis par la banque. Nous croyons que les banques devraient gérer ce département en octroyant à leur déposant des certificats ou des billets comportant une date de remboursement définie à l'avance.

Le client aurait à comprendre qu'il ne pourrait pas demander son argent n'importe quand et être remboursé intégralement. Il aurait à comprendre qu'il est en train de prendre un risque de crédit et que son argent sera prêté à nouveau à travers des canaux appropriés et qu'ainsi il ne peut pas forcer le banquier d'épargne à liquider radicalement ses prêts en demandant son argent. Bien sûr, une partie de ce problème pourrait être traitée par les régulations de la Commission et en arrangeant les maturités des obligations de la banque. Cela aurait peut-être comme conséquence de payer un intérêt plus fort pour disposer de maturités plus longues. »

On ne pourra jamais assez appuyer sur le fait qu'un dépôt d'épargne, privé de tout privilège de transfert par chèque, est radicalement différent d'un dépôt sur compte chèque. Le déposant en épargne retire rarement de l'argent, même quand la possibilité de retrait est inutilement aisée, parce qu'il préfère accumuler des intérêts. L'expérience le vérifie. Les déposants en épargne déposent habituellement chaque semaine ou mois et ne retirent pas s'ils peuvent faire autrement.

L'attente des intérêts est un des éléments les plus dissuasifs d'une rapide circulation. Durant la Guerre de Sécession, des obligations de 50$ rapportant des intérêts au rythme de 1 cent par jour furent émises et étaient censées circuler comme de la monnaie car les intérêts étaient si faciles à calculer que leur valeur quotidienne était évidente. Mais, elles ont à peine circulé car le cent par jour les a empêchés de circuler.[41]

Un dépôt d'épargne ne devrait pas s'appeler un dépôt du tout. Ce n'est pas de l'argent, et n'est pas ordinairement utilisé comme de l'argent. C'est simplement un « actif liquide » comme un « Liberty

---

[41] L'expérience opposée avec les stamp scrip est également instructive. Un impôt de 1% par mois agit comme un efficace catalyseur de circulation.

Bond » qui peut être vendu plus facilement que les actifs ordinaires. Les actifs liquides pourraient théoriquement être utilisés à la place de l'argent plus facilement que les autres actifs. Ainsi, le troc d'un Liberty Bond serait plus aisé que celui d'une action inconnue. Mais, en pratique, même les actifs liquides sont rarement ainsi utilisés en lieu et place de l'argent. Ils sont d'abord vendus pour de l'argent puis l'argent est alors utilisé pour l'achat d'autres choses. Les dépôts d'épargne ne font pas exception comme nous venons de l'indiquer. Chaque dollar dans un dépôt sur compte chèque achète environ l'équivalent de 25$ de biens par an, alors qu'un dollar sur une compte d'épargne change de main à peine une fois par an.

Dans le Massachussets, la vélocité de la rotation des dépôts d'épargne des sociétés fiduciaires était au rythme de moins de une par an en 1920, moins de une en deux ans en 1924, et moins de une en deux ans en 1931. Pour les mêmes années, la vélocité des dépôts dans les banques d'épargne était d'une fois en respectivement 4,4 et 5 ans. Ainsi, les dépôts sur compte chèque circulent entre 25 et 125 fois plus vite que les dépôts d'épargne. Un dépôt sur compte d'épargne est un investissement, un prêt octroyé par le « déposant ». Même quand il est remboursable à la demande, et même quand de telles demandes deviennent si nombreuses qu'elles constituent une « ruée » vers les banques d'épargne, pouvant potentiellement détruire la banque, il n'y a pas ainsi la moindre destruction de nos moyens de paiement. Le « badaud innocent » n'est pas gravement affecté comme lorsqu'ont lieu les ruées vers les banques commerciales.

Par contre, sous le système 10%, la simple liquidation de prêts de banques commerciales, comme nous l'avons vu lors du Chapitre IV, détruit une grande partie de nos moyens de paiement, augmente la valeur de chaque dollar dans nos poches et répand ainsi une ruine presque universelle. De plus, si nous étions sous la protection du système 100%, toute répercussion possible sur le dollar de ruées et de faillites des banques d'épargne pourrait être effacée par la Commission Monétaire, à travers son pouvoir d'émettre et de rapatrier l'argent. Pour finir, il est important de rappeler qu'étant donné la stabilité du dollar, les ruées vers les banques d'épargne seraient extrêmement rares.

Le changement serait bénéfique à la profession de banquier

Nous avons déjà clairement montré que, même au départ, le remplacement d'actifs rémunérés par des actifs non-rémunérés et la garde obligatoire de tels sommes d'argent sonnant n'impliqueraient pas nécessairement de pertes pour les banquiers.

Mais les bénéfices principaux pour les banquiers découleraient de la prospérité générale. Les banquiers prospèrent lorsque leurs clients prospèrent. C'est à travers leurs clients que cette prospérité effective et cumulative avantagerait les banquiers, sous la forme de dépôts d'épargne, dépôts en fond de placement, investissements, et autres.

Il est sans nul doute vrai que la nature de l'activité bancaire sera changée par le système 100%, mais ce changement sera pour le mieux, éloignant l'activité de sa précarité actuelle avec ses terribles hauts et bas et la rapprochant d'une activité sure dont les banquiers rêvent, libérée des booms et des dépressions et libéré d'avoir si souvent à geler des prêts soi-disant à court-terme. Si les dépôts à vue étaient couverts à 100%, presque toutes les autres régulations bancaires pourraient être abolies.

Ce que pensent les banquiers

Les banquiers ont pris l'habitude de s'alarmer de toute proposition de réforme du système bancaire, y compris de celles qui se sont avérées leur être avantageuses par la suite. Ce fait a été commenté fréquemment par nombre d'économiste, publiquement par l'anglais Keynes et le suédois Cassel et en privé par au moins une des autorités les plus compétentes aux États-Unis. Il me cite plusieurs exemples où les banquiers étaient au début « du mauvais coté » du débat sur les réformes bancaires.

Ainsi, il semble probable que beaucoup de banquiers, sans prendre le temps d'étudier la proposition d'un système 100%, s'y opposeront. Certains l'ont déjà fait. Néanmoins, il est encourageant de voir qu'un certain nombre de banquiers y sont déjà favorables.

Une raison pour laquelle les banquiers en général s'opposeront au système 100% est qu'ils ne réalisent pas dans quel paradis pour idiot ils vivent sous le système 10%. Hébétés, ils n'ont pas conscience du risque qu'ils portent avec eux.

Chapitre X

Des idées injustifiées à propos de l'activité bancaire et l'économie

L'idée que le système 10% rend les prêts faciles à obtenir

Il existe un certain type de rhétorique qui présente l'art du prêt comme un processus de liquéfaction des actifs de l'emprunteur, permettant à sa maison et ses autres biens de circuler.

L'objection la plus courante à l'encontre du système 100% est l'idée selon laquelle le système 100% serait un obstacle à cet art et tendrait à « assécher les sources de crédit ».

Il devrait maintenant être clair que l'exact opposé est vrai. C'est le système 10%, non pas le système 100% qui assèche périodiquement les sources de crédit.

L'illusion que le système 10% faciliterait l'obtention de prêts est probablement dûe à une confusion très naturelle entre la création *accumulée* de crédit à travers les générations et la création *actuelle* de crédit.

Pour illustrer le problème avec des chiffres, on peut supposer qu'en 1929, il existait un volume d'argent sur compte chèque atteignant le chiffre rond de 25 milliards de dollars. Supposons que les prêts bancaires en cours étaient également de 25 milliards de dollars. Si la maturité moyenne de ces prêts étaient de 3 mois et étaient tous ponctuellement intégralement remboursés, les 25 milliards seraient prêtés et remboursés quatre fois par an, ce qui fait un montant de 100 milliards prêtés par année.

Cependant, si on prend en compte les prêts gelés et les renouvellements « au rabais », nous ferions mieux d'estimer largement à la baisse ce chiffre, à disons 50 milliards. Afin d'illustrer une croissance normale, nous supposerons que tandis qu'il y a 50 milliards de prêts nouveaux par année, les remboursements de prêt sont seulement de 49 milliards. Ainsi, la croissance annuelle normale est de 1 milliard. Avec 25 milliards de dépôts sur compte chèque, un volume nouveau prêt de 50 milliards et une croissance nette des prêts de 1 milliard, on peut apercevoir les confusions qui entourent l'idée de « création facilitée de crédit ». Evidemment, la vraie source des 50 milliards annuels ne peut être les 1 milliard de monnaie nouvellement créée ! En plus de ce seul milliard nouvellement créé, il y a 49 milliards qui proviennent du remboursement des anciens prêts. Ces remboursements sont la principale source de crédit aujourd'hui et cela resterait le cas sous le système 100%.

Encore plus erronée est l'idée selon laquelle d'une façon ou d'une autre les 25 milliards de dépôts existant à tout moment seraient la source véritable des nouveaux prêts, bien que ces 25 milliards aient été en grande partie créés de toute pièce par les banques par un processus d'accroissement annuel à travers les générations précédentes. Comme nous l'avons vu, rien au sein de cette accumulation ne sera perdu sous le système 100%. Tout sera repris, mené à bien et *préservé* par la Commission Monétaire. Au contraire, sous le système 10%, de 1929 à 1933 (4 ans) les 25 milliards se sont réduits de presque 10 milliards pour atteindre à peu près 15 milliards. Si le système 100% avait été adopté en 1929, les hommes d'affaire auraient eu à leur disposition ces 25 milliards de dollars en 1933. Et si la Commission Monétaire trouvait qu'avec 25 milliards de dollar, le niveau des prix tendait à chuter, ou la valeur du dollar à augmenter, elle aurait contré cette tendance en augmentant ces 25, disons, de plus de 1 milliard par an. Ainsi, en 1933, sous le système 100%, nous aurions eu, disons, 30 milliards au lieu de 15 !

Si nous prenons une période boom, nous trouvons une expansion indue du crédit. Dans les deux cas, le système 10% est désavantageux. Soit il crée du crédit trop facilement, soit il en détruit trop radicalement. Il cause soit une inflation, soit une déflation des moyens d'échange en circulation, provoquant soit un boom soit une dépression.

Comment pourrait-il en être autrement avec quelques 50 milliards de nouveaux prêts chaque année ? Comment pouvons-nous être surs, avec nos milliers de banques indépendantes, qu'exactement 49 milliards de prêts soient liquidés ou qu'exactement 50 milliards de nouveaux prêts soient créés ? A l'évidence, les nouveaux prêts pourraient tout aussi bien être de 52 milliards ou leur liquidation de 47, ou les deux en même temps, augmentant ainsi le crédit de 5 milliards au lieu de 1. Le changement inverse pourrait aussi bien arriver.

« Eh bien », diront les critiques, « qu'en est-il lors des périodes *normales* ? »La réponse est que les périodes normales ont rarement existé sous le système 10%. Les mouvements continuels à la hausse et à la baisse du niveau des prix le prouvent. On peut étudier notre indice des prix depuis cent cinquante ans et ne trouver qu'une seule période de stabilité notable longue de 7 années.

« Mais », dira le critique, « ces 15 milliards en 1933 étaient une production nette du système 100% » Oui, mais une toute petite production ! C'est comme si on faisait aller à pleine vitesse un bateau à vapeur sur l'océan pendant un jour jusqu'à que quelque chose casse et qu'il ait à demeurer à quai pour les deux jours suivants pour réparation. S'il n'y avait pas eu de grands booms comme ceux qui ont culminé en 1837, 1873, 1920 et 1929 et de dépressions en découlant, les prêts accordés en 1933 n'auraient pas été de 15 milliards. Il y en aurait eu plus. Dans quelle mesure, nous pouvons seulement l'estimer.

« Mais », diront les admirateurs de notre système 10%, « il doit surement il y avoir certains cas sous le système 10% où un individu (en temps normal, ni en temps de boom ni de dépressions) pourrait obtenir de meilleurs services de prêts qu'il n'aurait eu sous le système 100%, car sous le système 100%, la banque aurait comme restriction de prêter seulement l'argent existant et disponible en tant que fonds prêtables. Sans ces restrictions, il y aurait surement des moments où les banquiers fourniraient un réel service en créant la monnaie qu'ils prêtent. »

S'il y a une quelconque once de vérité dans cette déclaration, ce sont dans les quelques cas isolés sous le système 10% (où il n'y a ni tendance à trop étendre ou trop restreindre le crédit) où l'octroi d'un prêt se fera un ou deux jours plus rapidement qu'il serait nécessaire sous le système 100%. Mais il n'est pas vrai que sous le système 100%, l'argent ne pourra pas être créé. Comme nous l'avons vu, il pourra être créé par la commission monétaire. Sous le système 10%, il arrive souvent que les banques *ne puissent* prêter, alors que sous le système 100%, elles pourraient *toujours* le faire.

L'idée de lier les dépôts
aux dettes des entreprises

La Guerre de Sécession nous a donné une monnaie de billets de banque nationale « couverte par des obligations ». Pour pouvoir émettre ces billets, les banques devaient détenir un montant équivalent en obligation des États-Unis. Ainsi, les billets augmentaient ou se réduisaient à mesure que la dette du gouvernement augmentait ou se réduisait. En conséquence, le volume de monnaie se réduisait progressivement à mesure que notre dette nationale était progressivement remboursée, sans se soucier le moins du monde des besoins du pays en monnaie. Aujourd'hui, notre monnaie de billet de banque nationale est toujours liée d'une certaine façon à la dette du gouvernement.

Il n'y a aucune logique à un tel lien. Le gouvernement devrait être capable de rembourser sa dette sans réduire de façon ruineuse la monnaie sous forme de billet de banque circulant dans le pays.

Les hommes d'affaire réalisèrent il y a quelques

années l'absurdité de lier ainsi la dette du gouvernement et les billets de banque, mais trop peu d'entre eux même aujourd'hui se rendent compte de l'absurdité similaire du lien entre les dettes de leurs entreprises et des dépôts bancaires.

L'homme d'affaire moyen est enclin à penser : « En admettant que la dette du gouvernement ne devrait pas engendrer d'argent, les dettes des entreprises devraient pouvoir le faire car ces dettes font grandir les entreprises et celles-ci en grandissant ont besoin de plus de moyens de paiement en circulation. Ceci est spécialement vrai en ce qui concerne les prêts concernant les besoins en fonds de roulement. Ceux-ci sont octroyés lorsque les biens sont achetés et remboursés lorsque les biens sont vendus. Ces dettes correspondent à l'état des affaires. Ils permettent d'avoir une monnaie élastique, croissant lorsque l'économie croît et décroissant lorsque l'économie décroît ».

Le système 100%, avec sa Commission Monétaire, augmentera ou réduira les moyens d'échange en circulation en fonction des *besoins nationaux*. C'est précisément le sens d'un niveau des prix stables. Par contre, sous le système 10%, l'expansion des affaires et l'expansion des dettes ne se font pas dans les mêmes proportions, et leurs réductions ne se font pas dans la même proportion non plus. Les booms et les dépressions prouvent que cela n'est pas vrai. Il est tout à fait vrai que la monnaie en circulation doit augmenter ou se réduire à mesure que l'économie croît ou décroît. C'est la principale préoccupation de cet ouvrage. Mais nous avons besoin d'une bien meilleure correspondance entre l'argent et l'économie que le lien entre dette et dépôts ne pourra jamais nous donner. Une expansion des prêts aux entreprises a habituellement pour conséquence une croissance de l'argent sur compte chèque plus rapide que celle des entreprises dans leur ensemble, comme le démontre la hausse des prix et des profits dans la plupart des cas. Par contre, une liquidation de ces prêts a habituellement pour conséquence une baisse plus rapide de l'argent sur compte chèque que celle des entreprises dans leur ensemble, de manière à ce que les prix et les profits chutent dans la plupart des cas.

C'est ce lien erroné entre l'argent et la dette qui a ruiné le rêve de « monnaie élastique » du système de Réserve Fédérale concernant les billets de Réserve Fédérale. Et ce même lien erroné entre l'argent et la dette est ce qui empêche le rétablissement lors d'une dépression.

Les gens pensent qu'il faut que les entreprises croissent d'abord et puis l'argent ensuite, alors que durant une dépression, les entreprises ont besoin d'une croissance de la monnaie pour pouvoir croître. Cependant, cet argent ne peut croître que si les entreprises décident de s'endetter, ce que peu d'hommes d'affaire ont le désir de faire en ces moments là.

Cette situation où la croissance des entreprises nécessite une croissance de la monnaie tandis que la croissance de la monnaie nécessite une croissance des entreprises (pour provoquer une croissance des dettes), mène à une impasse. Le gouvernement pourra essayer de sortir de cette impasse en s'endettant lui-même. Mais les hommes d'affaires, obsédés par le fait que la croissance des entreprises doit venir en premier, n'accueillent pas chaleureusement l'aide du gouvernement, n'y voyant pas plus qu'une future hausse des impôts en résultant. Ils pensent qu'il y a quelque chose de naturel et d'inévitable, pour ne pas dire juste et bon, dans le lien entre dépôt et dette et qu'ils doivent en accepter toutes les conséquences avec sérénité en tant que punition de la Providence pour le péché de s'être endetté excessivement dans le passé, tout comme les orientaux acceptent la peste et le choléra. Mais le bon diagnostic et les remèdes adéquats feront disparaître ces idées.

Sous le système 100% et le système de contrôle monétaire, nous pourrions pratiquement ne pas nous préoccuper des dettes des entreprises, en laissant ces dernières gérer seules leurs propres affaires.

Que ces dettes augmentent ou non et qu'une quelconque augmentation précède ou suit le rétablissement, le besoin de croissance de la quantité de monnaie en circulation pourra toujours être satisfait. Plus d'argent signifie plus d'achat, et plus d'achat signifie plus d'emploi ou moins de chômage. Un des effets serait de faire croître les échanges, un autre de faire monter le niveau des prix. Ces deux effets provoqueront le rétablissement de notre économie.

Le rêve de monnaie élastique d'il y a vingt ans a laissé place au rêve de crédit élastique d'aujourd'hui, qui n'est qu'une illusion. L'idée de déléguer cette élasticité à des milliers de banque privés est stupide. Il sonne bien de dire que les transactions à court-terme des entreprises demandent plus de crédit et que les banques locales doivent avoir le droit de créer de toute pièce ce crédit et de l'éliminer lorsque cette transaction est terminée. Il sonne également bien de dire que la source de tous nos problèmes est la « spéculation » et qu'on devrait « d'une façon ou d'une autre » y mettre fin. Mais tant que nous laissons aux banques privés la prérogative d'un tel ajustement, nous ne pourrons pas mener un tel objectif à bien. De plus, l'objectif lui-même est erroné, car la spéculation ne peut pas et ne devrait pas être totalement éliminée.

De plus, tant que nous conservons le système 10% au sein duquel des milliers de banques privées prêtent ou refusent de prêter, nous aurons parfois un excès de prêt et parfois un manque de prêt pour la nation dans son ensemble. Sous le système 100%, par contre, le bon ajustement serait aisément trouvé et n'entrainerait pas d'obstacle important pour les emprunteurs. Si le crédit d'un débiteur était bon, il pourrait obtenir le prêt dont il a besoin avec bien plus de certitude qu'aujourd'hui. Le mécanisme décrit serait en activité et ne serait pas sujet aux fréquentes crises du système actuel.

L'idée que la croissance de l'économie doit faire augmenter les prix

Le lien entre la dette et l'argent explique la notion répandue selon laquelle la croissance de l'économie tend, de par elle-même, à augmenter le niveau des prix et qu'une contraction de l'économie tend à faire chuter ce niveau. Beaucoup d'hommes d'affaire considèrent ce lien comme axiomatique, surement parce qu'ils sont habitués à associer les bonnes affaires avec des prix en augmentation. Mais, si le volume de moyen de paiement en circulation était constant, la croissance de l'économie, au lieu de tendre à augmenter les prix, tendrait à les faire baisser. A l'inverse, une contraction de l'économie, au lieu de tendre à faire baisser les prix, tendrait à les faire augmenter. Il semble probable que si nous avions eu une telle constance du volume de monnaie à travers les générations, les hommes d'affaire auraient considéré comme axiomatique que quand le volume des affaires croît, les prix chutent et que, quand le volume des affaires décroît, les prix augmentent.

Beaucoup de personne sont si habitués à considérer comme naturel et bon que les prix augmentent lorsque l'économie s'améliore et que les prix chutent lorsqu'elle se détériore, qu'ils sont choqués quand quelqu'un qualifie cette hausse ou chute des prix « d'artificielle » et propose « d'ajuster le volume de monnaie » pour combattre cet inflation ou cette déflation. Mais nous devrions savoir que c'est principalement à cause du système 10% que ces variations de l'économie provoquent ces changements du niveau des prix. Ainsi, les banques, par le biais des prêts aux entreprises, ne cessent de bricoler notre monnaie en circulation et causent de cette façon des inflations artificielles et des déflations artificielles.

En effet, sous le système 10%, il est vrai que, comme nous l'avons vu, une augmentation du volume des affaires, en faisant croître les prêts commerciaux des banques et augmentant ainsi les moyens de paiement en circulation, tend à faire augmenter le niveau des prix. Et, dès que le niveau des prix augmente, les profits augmentent et les entreprises croissent encore plus. Ainsi vient un cercle vicieux au sein duquel la croissance des affaires et la croissance des prix se stimulent l'un l'autre, provoquant un « boom ».

A l'inverse, si l'économie se contracte, les prêts et les prix se contractent également, ce qui réduit les profits et réduit le volume des affaires faisant apparaître un autre cercle vicieux provoquant une « dépression ».

Mais, si l'on retire le système 10%, ces associations malheureuses entre les affaires et le niveau des prix disparaissent.

Sous le système 100% combiné à une politique de monnaie stable, le volume de monnaie serait *vraiment* calibré pour satisfaire les besoins de l'économie, croissant lorsque l'économie croît *mais pas plus vite*, ce qui constituerait une monnaie élastique. Bien sur, de façon générale, les prêts croitraient et décroitraient avec l'économie, mais n'auraient plus le moindre effet sur la monnaie en circulation. Sous un tel système, les prix n'augmenteraient ou ne baisseraient plus de façon importante et ne seraient plus du tout influencés par les prêts.

L'idée que la monnaie est abondante lors d'une dépression

Deux notions populaires en temps de dépression, sont fort répandues et crus dévotement par les banquiers. La première est que « le problème ne peut pas être un manque d'argent, puisque le public a plus d'argent que jamais », la deuxième qu' « il ne peut pas être vrai qu'il y ait une quelconque pénurie d'argent sur compte chèque car les banques ont des réserves excédentaires et plus « d'argent » à prêter que n'en veulent les gens ».

L'erreur dans la première déclaration (que le public a plus d'argent) vient évidemment du fait que l'argent sur compte chèque, notre principal moyen de paiement, n'a pas été pris en compte.

Il est vrai que durant une dépression le public augmente son argent *dans les poches* en le retirant des banques, incité à cela par la peur que le système 10% ne tienne pas le coup. Mais pour chaque dollar supplémentaire d'argent *dans les poches*, environ 10 dollars d'argent sur compte chèque doit être détruit.

L'erreur dans la seconde déclaration (que les banques ont plus d'argent) vient de la non-prise en compte que cet « argent en plus » signifie seulement des réserves excédentaires relativement aux dépôts. Les réserves des banques ne circulent pas. Dans les faits, ce n'est pas de l'argent.

Comme indiqué dans le chapitre I, la dépression de 1929-1935 a vu une bataille pour l'argent sonnant qui a ajouté 1 milliard de dollar d'argent dans les poches mais a réduit de 8 milliards l'argent sur compte chèque. Suite à la réduction des dépôts, les réserves des banques ont été agrandies *relativement* aux dépôts sujets à chèque.

De telles erreurs, et confusions entre argent dans les poches, argent sur compte chèque et réserves bancaires, ne pourraient avoir lieu si l'argent sur compte chèque et l'argent dans les poches étaient interchangeables, comme ils le seraient sous le système 100%.

Confusion entre argent et argent à prêter

Ceux qui ne voient pas que le *cœur du problème* d'une grande dépression est habituellement la pénurie d'argent tombent dans une autre erreur. Ils confondent abondance ou pénurie d'argent avec abondance et pénurie d'argent *à prêter*. A tout moment, l'argent (quelque soit la façon dont on le mesure) n'est pas intégralement disponible pour le marché du prêt. Une partie est sur le point d'être utilisée pour des dépenses de tous les jours, une autre pour des investissements de toutes sortes. Seule une partie est disponible pour être prêtée, les fonds prêtables.

Lors d'une dépression, si on n'emprunte pas, ce n'est pas parce que les gens ont déjà suffisamment de moyens de paiement mais parce qu'ils ont déjà trop de dettes.

Normalement, les prêts devraient être uniquement l'emprunt d'argent d'une personne à une autre, et l'argent que l'un reçoit devrait être retranché à l'autre. Ce transfert d'argent de l'un l'autre ne devrait pas changer la quantité d'argent de la nation. Le soi-disant « marché monétaire » devrait être simplement le marché des prêts de Jones à Smith, pas la source des moyens de paiements de Jones et Smith. Intrinsèquement, les prêts n'ont rien à voir avec le fait de mettre plus ou moins d'argent en circulation.

L'abondance ou la pénurie réelle de monnaie ne

s'exprime jamais sur le marché des prêts. Elles sont indiquées par l'indice des prix. Si les prix augmentent, cela signifie qu'il y a abondance de monnaie. Si les prix chutent, cela signifie qu'il y a pénurie de monnaie.

Evidemment, la monnaie peut se retrouver à chercher désespérément des emprunteurs sur le « marché monétaire » (c'est-à-dire le marché des prêts) et être considérée comme « bon marché » (c'est-à-dire disponible à bas taux d'intérêt) quand en réalité, paradoxalement, il y a pénurie d'argent et que la monnaie est chère relativement aux biens, c'est-à-dire un pouvoir d'achat élevé du dollar comme indiqué par l'indice des prix.

Les idées concernant la reflation

Malgré toutes les confusions actuelles, on voit parfois émerger une reconnaissance à moitié du besoin, lors d'une dépression, de plus d'argent sous la forme d'argent sur compte chèque. Il y en a encore beaucoup qui frémissent lorsqu'ils entendent parler d'une quelconque émission de pièce ou de billet, c'est-à-dire d'argent dans les poches, mais qui néanmoins aimerait voir ce que l'ancien Secrétaire du Trésor, Odgen L.Mills, appelait « une expansion contrôlée du crédit », c'est-à-dire l'argent sur compte chèque. Selon eux, une augmentation de l'argent dans les poches serait mauvaise, tandis qu'une augmentation de l'argent sur compte chèque serait bonne.

On trouve parfois ces mêmes personnes s'opposer en apparence à une inflation des pièces et des billets pour deux raisons diamétralement opposées :

(1) parce que cela provoquerait une hausse importante des prix, « comme en Allemagne »,

(2) parce que « cela serait vain » car l'argent nouveau se retrouverait simplement attiré dans les banques et amassé en tant que réserves inactives.

Ainsi, ils s'y opposent parce que cela augmenterait les prix et parce que cela ne les augmenterait pas !

L'idée que le contrôle monétaire devrait être délégué aux banques

Cependant, la principale raison expliquant le manque d'opposition à l'inflation des dépôts et l'opposition féroce à l'inflation des pièces et des billets ne vient ni du fait que l'inflation des pièces et des billets augmenterait les prix ni du fait qu'elle ne le pourrait pas. La raison principale vient probablement des propres intérêts financiers des banquiers. En effet, les banquiers et le groupe plus large qui adopte les idées des banquiers ont terriblement peur de l'expansion des pièces et billets du *gouvernement* mais n'ont nulle peur de l'expansion des dépôts des *banquiers*.

Apparemment, l'élément moteur renforçant l'opposition du public à ce que « la monnaie soit manipulée » est la peur que le gouvernement puisse devenir un acteur de l'activité bancaire. Concernant les strictes fonctions bancaires, le présent auteur est d'accord avec les banquiers pour dire que le gouvernement devrait en rester en dehors. Mais le contrôle *monétaire* n'est pas une fonction bancaire. Sous le système 100%, le contrôle monétaire combiné à une politique de monnaie stable ne serait pas délaissé à l'administration irresponsable et désorganisée de banques se comportant chacune comme de petits émetteurs de monnaie privés.

L'idée que « l'or est le meilleur étalon »

Il y a encore des conservateurs qui imaginent qu'un *poids* fixe d'or signifie une *valeur* fixe d'or. Sur cette simple croyance, ils voudraient que nous nous accrochions à l'étalon-or pour la simple raison que c'est « automatique ». Cependant, réguler notre étalon engendre un grand nombre de difficultés. Le Bureau des Etalons doit être en permanence en train de le « bricoler » pour le garder constant. Si nous devions avoir un dollar solide et stable, nous devrions le « bricoler » en permanence, mais cela dans un but précis et non pas au hasard comme aujourd'hui, où tant de banques bricolent notre monnaie de façon indépendante. Car, même l'étalon-or n'est jamais vraiment automatique mais demande une gestion active des banques centrales pour limiter les remboursements en or.

Les idées concernant le remboursement

Sous l'étalon-or d'origine, la valeur de tout l'argent qu'il soit or ou papier était censée dériver de sa valeur en or comme marchandise. La parité entre l'or (à la fois en tant qu'argent et marchandise) et les autres types d'argent était censée être maintenue par leur interchangeabilité. On pouvait fondre des pièces en or ou convertir son argent papier ou son argent sur compte chèque en pièce en or et ensuite les faire fondre en or marchandise. Dans les temps primitifs, cette convertibilité en lingots voulait vraiment dire quelque chose, et cela a continué à avoir de l'importance tant que l'or représentait une partie importante de nos moyens de paiement, mais aujourd'hui une telle convertibilité n'est utile qu'aux importateurs et aux exportateurs d'or et parfois aux bijoutiers et orfèvres. Autrement, ce type de fonte et de conversion n'a que très peu d'importance. Les besoins légitimes en remboursement en or sont peu nombreux, espacés dans le temps et sont facilement satisfaits par des remboursements discrétionnaires comme la législation actuelle l'impose. De plus, la convertibilité, même pour des motifs légitimes n'est pas et n'a jamais été, aussi importante que la stabilité de la valeur de la monnaie. Or, l'utilité principale de la convertibilité n'a jamais été que d'empêcher une émission de monnaie trop importante et l'inflation.

Plus de 99% de notre population n'a aucun intérêt à se faire rembourser en or sauf quand, comme en 1933, de tels remboursements se font dans un but de thésaurisation et peuvent alors être particulièrement nocifs. Le seul type de remboursement dont dépendent les intérêts vitaux tous les jours de millions de personne est le remboursement de leur argent sur compte chèque en argent dans les poches. Ces gens veulent savoir que l'argent qu'ils détiennent sur leur propre compte chèque est aussi valable que l'argent qu'ils ont dans les poches.

Dans les temps modernes, le privilège de remboursement en or indiscriminé a fait beaucoup de mal, car il y a si peu d'or pour rembourser de si importants montants d'autres types de monnaie, y compris l'argent sur compte chèque, sans parler des promesses de rembourser les obligations en or.

La situation devint absurde. Quand il y a avait une ruée vers les réserves en or, les banques, afin de satisfaire la demande d'or du public, devait obtenir de l'or auprès du public et le résultat d'une telle demande fut une augmentation très forte de sa valeur.

Un étalon-or, dans le sens d'une possibilité illimitée d'obtenir un remboursement en or, est analogue, dans son influence déstabilisatrice, au système 10%, avec sa possibilité illimité d'obtenir le remboursement de son argent sur compte chèque en argent dans les poches. Nous avons une pyramide inversée sous une autre avec une base minuscule en or tout en bas.

Néanmoins, le plus grand danger dans l'obligation de rembourser en or vient de la demande internationale. Au sein des nations, les gens acceptent et même préfèrent le papier. Tant que nous avons un étalon-or avec un dollar au poids en or fixe, ce danger international existe réellement, comme l'ont démontré les « raids » sur la banque d'Angleterre en 1931.

La stabilité relative de l'or et du papier

Désormais, la stabilité de valeur du dollar ne doit pas être recherchée grâce à la convertibilité en or, car l'or est vraiment instable et cette convertibilité en or rend l'or encore plus instable. La stabilité de la valeur du dollar doit être recherchée en contrôlant notre monnaie en circulation, selon une règle incontestablement définie.

Une des conséquences indirectes les plus heureuses de la dépression 1929-1935 est la désillusion des hommes d'affaire quant à la prétendue stabilité de l'étalon-or. Un mémorandum de l'Université de Chicago sur le principe d'un système 100% pose très bien le problème :

« L'étalon-or a toujours été un système de temps clément, fonctionnant parfaitement seulement tant que la convertibilité n'est importante pour aucun des acteurs concernés. Partout, il peut à peine survivre à une guerre, et la plupart des pays l'abandonnent volontiers que ce soit sous la pression d'une guerre ou d'une dépression. »

Dans la même veine, un récent rapport de la Commission de l'Université de Columbia dit : [42]

« C'est une notion entièrement erronée que de croire que les étalons papier sont incontrôlables. Il est étrange que de telles déclarations soient encore faites par des autorités monétaires au vu des expériences de monnaie non-convertibles lors des dernières années. Pendant les périodes où l'Angleterre a abandonné l'étalon-or, de 1797 à 1821, de 1914 à 1925 et depuis 1931, aucun abus de la monnaie papier n'a provoqué d'excès inflationnistes. En fait, en termes de pouvoir d'achat intrinsèque, les monnaies papiers se sont avérées bien plus stables que les monnaies or pendant les deux dernières années, malgré les difficultés critiques de l'époque et la forte tentation de céder à un financement

---

[42] *Economic Reconstruction*, Report of the Columbia University Commission ; Robert McIver, Chairman,. Columbia University Press, New York, 1934, pp. 40-41.

inflationniste. Entre Septembre 1931 et la panique bancaire de 1933, ce ne fut pas la livre sterling, le dollar canadien, les monnaies scandinaves, etc., qui furent instables, mais le dollar américain, le franc, le mark, et les autres monnaies or. La monnaie papier de « la zone sterling » a maintenu un pouvoir d'achat remarquablement stable (bien que trop stable selon ceux qui aimeraient voir adopter une politique délibérément expansionniste pour corriger la tendance déflationniste précédente) alors que l'or a subi une outrancière appréciation de sa valeur. »

Encore une fois, nous notons l'influence de l'idéologie bancaire menant le public à croire faussement qu'une monnaie émise par le gouvernement serait forcément l'objet d'abus et que le gouvernement ne devrait rien faire concernant la monnaie, si ce n'est spécifier une fois pour toute le poids et le niveau de pureté du dollar or.

Il est intéressant de remarquer que récemment, dans une publication officielle, il est dit qu' à l'occasion d'une rencontre entre M. Roosevelt et l'Association des Banquiers Américains, M. Jackson E. Reynolds, président de la First National Bank of New York City s'est « demandé si le pays pouvait se permettre de dépendre pieds et poings liés aux monnaies du reste du monde en disant que la composition actuelle en or du dollar ne serait jamais changée. » Cette attitude symbolise une grande avancée de la pensée du milieu des affaires et des banques.

Peut-être, le grand évènement monétaire de l'Après Guerre s'avèrera être l'abandon d'un poids fixe en or comme étalon de valeur et la substitution d'un panier de biens de consommation de base, un « dollar panier de biens ». La solution complète du problème monétaire serait pour chaque pays de stabiliser la valeur interne de sa propre monnaie et pour tous les pays de fixer le prix de l'or de façon concertée. Quand, après de longues périodes, il devrait être nécessaire de changer le prix de l'or, cela devrait se faire de façon concertée. De cette façon, le pouvoir d'achat de l'unité monétaire serait maintenu stable au sein de la nation et au niveau international.

Le remboursement en or a longtemps été non seulement un fétiche mais, dans certains cas, une fiction, spécialement en qui concerne nos certificats argent, qui ne sont pas convertibles en or mais seulement en métal argent de valeur inférieure (en tant que lingots) que les certificats eux-mêmes.

Nous pourrions avoir
des réserves intégrales en or

Si nous voulons avoir un véritable étalon or, nous devrions avoir des réserves de 100% en or. Cela reviendrait à retourner littéralement à l'âge des orfèvres. Théoriquement, cela pourrait être fait, et très facilement, par une dévaluation suffisante (c'est-à-dire diminution du poids) du dollar or. Exactement comme le gouvernement augmenta le prix de l'or à 35$ l'once (réduisit le dollar or à 1/35 d'une once au lieu d'1/21) il pourrait théoriquement augmenter le prix de l'or à un chiffre plus élevé, disons même à 10 fois 35$ l'once (i.e. réduire le dollar or à 1/350 d'une once). Bien sur, dans la pratique, un changement aussi important et aussi soudain serait extrêmement indésirable.

Il est évident que l'or dans les coffres du gouvernement serait alors amplement suffisant pour fournir des réserves de 100% aux banques sans avoir besoin d'utiliser un quelconque papier, hormis des certificats de dépôts pour l'or.

Cependant, un système 100% entièrement or ne se ferait qu'au prix de bouleversements supplémentaire du marché des changes, et il y aurait d'autres objections à faire.

Un système 100% utilisant de la monnaie papier ou du crédit de la Commission Monétaire serait aussi efficace qu'un système 100% utilisant de l'or, mais poserait moins de problèmes et serait moins maladroit. En effet, comme nous l'avons dit, la convertibilité en argent au porteur est le type de convertibilité désiré par notre monde moderne, pas la convertibilité en bijou en or. L'étalon suprême de valeur ne comprend pas une seule marchandise mais toutes les marchandises. Cet étalon suprême, indiqué par un indice des prix, devrait être stabilisé par l'action de la Commission Monétaire. La seule utilité monétaire de l'or est de servir de pont entre les devises de différents pays pour faciliter les règlements internationaux. Cela peut être fait, comme cela est fait actuellement, sous la loi du 30 janvier 1934, à travers des remboursements discrétionnaires, avec des révisions occasionnelles du prix de l'or.

L'idée que plus les réserves sont faibles, plus on fait des économies

On dit que de faibles réserves permettent de faire des économies en or. Un banquier, critiquant le système de réserve 100%, dit : « Qui a déjà entendu parler de réserve de 100% ?» Il fut surpris lorsque quelqu'un mentionna le fait familier que, durant des générations, nous avions eu des réserves de 100% pour couvrir les certificats or. Il n'avait jamais objecté ni n'avait suggéré que le gouvernement dusse « économiser » ses réserves « inactives » en or en émettant plus de monnaie papier contre ses réserves, ce qui aurait pu être fait aisément. Il était évident que c'était seulement les réserves des banquiers qu'il voulait « économiser ».

La vérité, bien sûr, est que de faibles réserves se sont avérées être de fausses économies. Ce qui est économisé lors des bonnes périodes est perdu maintes fois « lorsqu'arrive l'hiver ». Le banquier doit prendre en considération l'ensemble du système et non pas seulement ses propres actions individuelles.

J'ai trouvé que cette notion persistante selon laquelle de faibles réserves seraient une économie, par la force de l'habitude, était même appliquée à la monnaie papier des réserves en crédit proposées dans le système 100%. Pourquoi vouloir des réserves de 100% même en papier ou en crédit ? 50% ou n'importe quel taux en dessous de 100% ne serait-il pas suffisant ? C'est cette idée qui a en grande partie défait la proposition d'un système 100% en 1935 lorsqu'il était défendu pour le Banking Act de 1935.

En premier lieu, il n'y aurait dans ce cas pas la moindre « économie » à faire. Cette réponse est suffisante. Si nous voulons nous pencher sur le problème des réserves insuffisantes, pourquoi ne pas les rendre entièrement suffisantes une fois pour toutes ? Cela ne couterait rien excepté le coût trivial de l'impression et tout ce qui serait en dessous de 100% ne serait pas tout à fait aussi bon. Des réserves de 90% n'auraient aucun avantage sur des réserves de 100% pour quiconque, tandis qu'elles représenteraient certains légers désavantages, même mécaniquement. De plus, psychologiquement, des réserves de 100% sont certainement supérieures à tout autre taux de réserve. C'est le seul taux de réserve que tout le monde peut comprendre, alors qu'à l'instant où un chiffre plus petit est utilisé, même 99%, il y a un désir psychologique à le faire descendre toujours un peu plus. Des réserves intégrales de 100% ont le statut de fond en fidéicommis, dont les vrais propriétaires sont les déposants. Des réserves de 99% devraient être considérées, à l'instar de réserves de 10%, comme appartenant à la banque.

Un ami banquier m'a écrit : « Est-ce que ce risque n'est pas similaire à celui d'une assurance incendie ou vie se fondant sur l'espérance raisonnable fondée sur l'expérience, que tous les assurés ne mourront pas au même moment et que les incendies ne se déclareront pas au même instant dans tous les immeubles ? » A cela, il y a plusieurs bonnes réponses.

Sans doute, l'analogie existe, et s'il y avait une quelconque économie réelle à avoir de faibles réserves, on calculerait comment les sécuriser par une méthode actuarielle similaire à celle de l'expérience des incendies passées.

Mais en plus du risque individuel de feu ou de faillite bancaire, il y a un « risque de conflagration » et dans le cas des banques, il n'y a pas de couverture possible similaire à la réassurance. Le fait est que mon ami banquier a négligé un risque important qui n'est pas lié du tout au risque de faillites bancaires. Le risque de faillites bancaires pourrait être presque éliminé si nous voulions adopter les méthodes bancaires des autres pays, spécialement le développement de filiales bancaires. Le risque vraiment important est le risque de fluctuation de l'économie et de l'emploi, le risque de booms et de dépressions. Le banquier peut réussir à sauver sa propre peau, mais même en Angleterre, il y arrive en gagnant la bataille pour l'argent sonnant avec le public, une bataille qui fait grand tort au public. C'est la conséquence, comme nous l'avons vu, du système de faibles réserves.

Enfin, si nous devions soumettre le problème des réserves à l'épreuve des évènements passés comme le banquier cité le suggérait, le résultat est accablant pour le présent système.

Nous ne devons jamais oublier que ce n'est pas la « sécurité » des banques mais la sécurité du pouvoir d'achat du dollar qui est important. Nous avons besoin de la meilleure protection contre l'inflation et la déflation, à savoir le système 100%.

L'idée que le dollar ne change jamais

C'est « l'illusion monétaire » et le principal obstacle à la réforme monétaire. Pourquoi stabiliser ce qui est déjà considéré comme stable ? Presque tout le monde suppose que la valeur de la monnaie de son pays est stable en valeur. Chacun mesure tous les prix dans cette monnaie mais ne sait pas comment mesurer la valeur de cette même monnaie (par un indice des prix) ou ne pense même pas à le faire. Il voit le prix des autres devises changer en termes de sa propre monnaie.

« Il y a bien des années, quand l'Angleterre était sous l'étalon or et l'Inde sous l'étalon argent, le général anglais Keating discuta avec un marchand hindou. Le général lui parla de la baisse de la roupie indienne. L'hindou haussa les sourcils « Une baisse de la roupie ? Je n'ai jamais entendu parler de cela. Je vous demande bien pourquoi j'ai en réalité des agents dans toute l'Inde et aucun ne m'a avisé d'une telle baisse de la roupie indienne. » Alors, après un moment de réflexion, il ajouta, « Oh, peut-être vous vouliez parler de la hausse de la Livre anglaise ! »

« En fait, l'anglais et l'hindou avait tous les deux en partie raison, le pouvoir d'achat de la roupie avait chuté – c'est-à-dire que la roupie avait chuté comparé aux biens - et le pouvoir d'achat de la livre avait augmenté – c'est-à-dire que la livre avait augmenté comparée aux bien. Mais aucun de ces deux changements n'étaient entièrement responsables de la différence séparant les deux monnaies. Ces deux hommes étaient victimes de

« l'illusion de la monnaie ». Aucun des deux ne pouvait percevoir le mouvement du navire sur lequel il était. »[43]

L'idée que le prix de toute marchandise est déterminé uniquement par son offre et sa demande

« Le prix du blé n'est pas *seulement* fixé par l'offre et la demande de blé. Il est en partie fixé par la demande et l'offre de monnaie. L'argent est, pour la plupart des gens, entièrement négligé en tant que déterminant des prix. C'est là où ils font une grosse erreur. »

« Le problème est que nous oublions l'argent parce que nous pensons en termes d'argent. Si le prix du blé était exprimé en termes d'autre chose que de l'argent, nous ne ferions pas une telle erreur. Supposons que le prix du blé soit exprimé en termes de cuivre ou de lingot d'argent. Supposons qu'un boisseau de blé vaut trois onces de métal argent. Il serait stupide de dire qu'une hausse du prix du blé en termes de métal argent doit être entièrement due à une hausse de la demande de blé ou à une baisse de l'offre de blé. Cela pourrait très bien être dû à une hausse de l'offre de métal argent ou à une baisse de sa demande.

C'est évident. Cela devrait être aussi évident lorsque le prix du blé est exprimé en or. Un dollar or [1933] représente presque exactement un vingtième d'once d'or et quand le prix du blé est d'un dollar le boisseau, c'est le résultat non seulement de l'offre et de la

---

[43] *Inflation ?*, d'Irving Fisher, Adelphi Co, 1933, p 47.

demande de blé mais aussi de l'offre et de la demande d'once d'or ou de dollar or et de leurs substituts, à savoir le dollar papier et les dollars que nous avons en banque et qui nous permettent de payer par chèque.

Et les effets des influences de ces deux offres et demandes peuvent être clairement distinguées. L'offre et la demande de *dollar* fixent *le niveau des prix général ou moyen* et l'offre et la demande de *blé* fixent dans quelle mesure le prix du blé *se différencie de l'évolution du niveau général ou moyen des prix.* Quand le niveau général des prix augmente de 10% et le prix du blé de 13%, seuls les 3% supplémentaires sont dus à l'offre et à la demande de blé. Les dix autre pourcents ne sont pas du tout dus au blé mais à la monnaie.

La plupart des gens imaginent encore que l'intégralité de la chute du prix du blé depuis 1926 est due à la surabondance de blé. Ce n'est pas vrai. Cette chute est due en grande partie à la pénurie d'offre de dollars en circulation. Cette cause explique la chute de 100 à 55, la chute *du niveau général des prix, blé inclus* ».[44]

Un prix unique et un niveau des prix sont des éléments aussi distincts qu'une vague et le niveau de la mer, et les causes sont également distinctes. Le niveau général des prix augmente et baisse avec l'inflation et la déflation monétaire, exactement comme le niveau des lacs augmentent et baissent avec le volume d'eau qu'il contient. Mais le prix du blé augmente et baisse avec sa demande et son offre exactement comme la hauteur

---

[44] « *When Inflation is not inflation* » d'Irving Fisher, Liberty, Vol 10, No 37, 16 Septembre 1933, p 40.

d'une vague dépend de la force du vent.

Résumé

Nous voyons que de nombreuses idées répandues, erronées et nébuleuses freinent l'adoption d'une vraie réforme monétaire. Parmi elles, il y a :

(1) L'idée selon laquelle sous le système 10%, les prêts sont facilités par le pouvoir de créer de toute pièce à tout moment l'argent prêté.

(2) L'idée selon laquelle il est bon et naturel que les dépôts sur compte chèque dépendent des prêts bancaires.

(3) L'idée selon laquelle il est bon et naturel que les prix augmentent et baissent à mesure que l'économie croît ou décroît.

(4) L'illusion selon laquelle l'argent est très abondant quand il y a en réalité pénurie (et l'inverse).

(5) La confusion entre argent abondant et abondants fonds prêtables

(6) L'idée selon laquelle la croissance des pièces et des billets est mauvaise tandis que la croissance des dépôts sur compte chèque est peut-être bonne.

(7) L'idée selon laquelle la valeur du dollar ne change jamais.

(8) L'idée selon laquelle le prix de toute

marchandise est défini uniquement par son offre et sa demande.

(9) La confusion entre un prix et un niveau des prix

(10) L'idée selon laquelle le gouvernement devrait laisser la prérogative d'une expansion ou d'une contraction monétaire aux seuls banquiers

(11) L'idée selon laquelle l'or est le meilleur étalon.

(12) L'idée selon laquelle le remboursement en or est essentiel.

(13) L'idée selon laquelle l'or est intrinsèquement stable et que le papier est intrinsèquement instable.

(14) L'idée selon laquelle l'augmentation des réserves obligatoires devrait être l'augmentation des réserves en or.

(15) L'idée que de faibles réserves permettent de faire des « économies ».

Ces quinze notions ne sont pas les seules confusions ou idées erronées que l'on pourrait énumérer. Cependant, il semble que ce soit les seules pouvant se mettre en travers de la mise en place d'un système 100%.

Chapitre XI

La portée du système 100%
pour le gouvernement

Le système 100% n'est pas une
nationalisation du système bancaire

C omme nous l'avons précédemment indiqué, le système 100% impliquerait seulement une nationalisation de la fonction *monétaire* (aujourd'hui usurpée par les banques), pas une « nationalisation générale des fonctions *bancaires* ». La gestion monétaire est à proprement parler une prérogative gouvernementale et est en partie réalisée à travers la frappe de nos pièces en or, argent, nickel et bronze, l'impression des billets U.S (« greenbacks »), certificat argent, et autres formes d'argent papier du gouvernement, et à travers nos lois générales sur l'argent ou notre étalon monétaire.

Comme nous l'avons noté dans le chapitre I, notre constitution fait de la régulation de la monnaie une prérogative du congrès. Dans son essence, cette fonction est le contrôle du dollar comme unité de valeur, exactement comme il est une fonction gouvernementale, effectuée par le Bureau des Etalons, de contrôler le yard comme unité de longueur et le kilowatt comme unité d'électricité. Fournir à l'économie une unité pour mesurer les transactions est essentiellement une fonction du gouvernement. Pour effectuer cette fonction correctement, toutes les formes de moyens de paiement doivent être sous le même contrôle, y compris les billets de banque et les dépôts sur compte chèque. A l'origine, le gouvernement contrôlait plus la monnaie qu'il ne le fait actuellement. L'anomalie actuelle a pris jour progressivement, tout d'abord en permettant les billets de banque et plus tard (ce qui est plus important) les dépôts sur compte chèque. Aujourd'hui, les principaux « émetteurs » de monnaie sont nos milliers de banques de dépôt sur compte chèque.

On ne devrait plus leur permettre de continuer à créer et à détruire librement de l'argent.

Cependant, il n'y a nul besoin de retirer aux banques leur juste fonction de prêt.

A proprement parler, sous le système 100%, l'unique fonction bancaire effectuée par la Commission Monétaire serait le réescompte. Comme nous l'avons vu, même cette fonction ne serait réalisée que très rarement, et il serait mieux si elle n'y était pas du tout autorisée. Si elle effectuait ce type d'opération, ce serait uniquement en tant que valve de sécurité pour aider les banques, non pour rivaliser avec elle, et uniquement à l'initiative des *Federal Reserve Banks*.

Nous avons aussi indiqué que tout titre de créance qui atteindrait la Commission Monétaire devrait d'abord passer par deux banques, une banque membre et une *Federal Reserve Bank*, et seules ces deux banques, non pas la Commission Monétaire, prendraient, exactement comme aujourd'hui, la responsabilité de prolonger ou non les prêts selon leurs mérites en tant qu'investissements profitables. Ainsi, les banques continueraient, comme il le faut, à guider les flux de capitaux vers les canaux d'investissement les plus profitables. La Commission Monétaire n'aurait pas d'autre choix[45] que de réescompter lorsque l'on lui demanderait.

La seule décision de la Commission Monétaire serait d'établir le taux qu'elle facturerait et ce taux serait fixé seulement pour aider à contrôler le pouvoir d'achat du dollar, et serait imposé impartialement à toutes les *Federal Reserve Banks*.

Ainsi, loin de nationaliser les banques, le système 100% offre peut-être la seule échappatoire à une nationalisation. Car, si dans une autre décennie, nous devions traverser une dépression comme celle que nous venons de vivre, les banques se retrouveraient probablement de façon permanente entre les mains du gouvernement. Les banques feraient mieux d'abandonner gracieusement la fonction usurpée d'émission monétaire (sous la forme de billet de banque et de dépôts sur compte chèque) et se contenter de mener leur activité strictement bancaire, sans avoir à subir les conséquences néfastes des booms et des

---

[45] Mais évidemment cela ne nécessiterait pas obligatoirement une augmentation des moyens de paiement en circulation, car à mesure que la Commission Monétaire réescompte, i.e. rachète des titres de créance, elle pourrait, si elle le désire, vendre des obligations. L'achat de l'un et la vente de l'autre se compenserait l'un et l'autre de manière à ce que le volume de monnaie de la nation soit inchangé. Ainsi, l'exercice obligatoire de sa fonction de réescompte n'a pas besoin d'interférer avec ses fonctions de contrôle monétaire. En d'autres termes, tandis que les Federal Reserve Banks dicteront le montant de titres réescomptés, la Commission Monétaire dictera le montant de monnaie de la Commission en circulation.

dépressions, dont elles sont en grande partie responsables.

Le système 100% fournirait une protection dans les deux sens car il protégerait le gouvernement de la domination des banques. En temps de guerre ou de tensions similaires, les banques deviennent des créditrices du gouvernement et sont ainsi dans une position d'acquérir un contrôle indu sur ses politiques. Certains proches observateurs à Washington croient communément que depuis la Guerre de Sécession, le gouvernement a été trop influencé par les banques, par « Wall Street » comme on dit, sans que les gens ne sachent vraiment qui tire les ficelles.[46]

Concernant la Réserve Fédérale

La Réserve Fédérale était censée, entre autres, préserver le gouvernement d'une telle main mise des banquiers. Ce fut une aspiration du Président Wilson. C'est pour cette raison que les billets de la Réserve Fédérale sont appelés « obligations des États-Unis ». Mais en réalité, c'était simplement une appellation et presque rien de plus qu'une concession symbolique faite à M. Bryan, le Secrétaire d'État, afin de gagner son soutien. Ces billets ne donnent aucun avantage aux États-Unis, au contraire, elles lui imposent seulement des obligations contingentes.

Sous le fonctionnement actuel du système, la

---

[46] Le Professeur Soddy, favorable au principe d'un système 100%, s'élève contre la « domination des banquiers » dans *Wealth, Virtual Wealth and Debt* (Dutton, New York) 1926, p 163.

Réserve Fédérale a pratiquement échangé ses billets de Réserve Fédéral ne portant pas d'intérêts (et autre crédit de la Réserve Fédérale) contre des obligations du gouvernement des États-Unis. Ce qu'il faut désormais, c'est inverser cet échange.

On croit souvent que le système de Réserve Fédérale est la plus à même pour mener les prérogatives monétaires et stabiliser le dollar. Mais le système de Réserve Fédérale est mal ajusté dans son organisation, ses traditions, et ses inclinations personnelles pour réaliser cette fonction. De plus, il a d'autres importantes fonctions à effectuer, spécialement le réescompte, et ces autres fonctions entrent souvent en conflit avec la fonction de stabilisation. La Réserve Fédérale ne peut stabiliser sans parfois heurter les intérêts de ses maîtres, les banques membres, comme le fit le Gouverneur Strong quand il tenta de stabiliser le dollar. D'autre part, sous le système 10%, elle ne peut pas ne mener strictement que ses affaires bancaires sans parfois provoquer de façon non-intentionnelle une inflation ou une déflation et ainsi porter tort à la nation. Les efforts pour mener de front ses affaires bancaires et la stabilisation du niveau des prix ont, à la fin, lamentablement échoué. Ils ont eu pour résultat l'hésitation, l'incertitude, la confusion et la Réserve Fédérale a fini par être en désaccord avec elle-même car elle essaya de servir deux maitres en même temps.

Même avec un gouverneur Strong à la barre, la meilleure façon (et sans un tel gouverneur, la seule façon) d'éviter à coup sûr de façon permanente une nouvelle grande dépression est de voir le gouvernement retirer à la Réserve Fédérale une fonction qu'elle ne désire pas, qu'elle a jusqu'ici évité en grande partie de mener à bien et qu'on ne le lui a jamais légalement imposé, la stabilisation du dollar.

Une commission monétaire à l'image de la Cour Suprême

La Commission monétaire devrait être indépendante comme la Cour Suprême, afin que le pouvoir d'achat de notre dollar puisse être maintenu stable en dépit des opérations bancaires et en dépit des opérations du Trésor des États-Unis. M. James H. Rand jr. Président de Remington Rand, Inc. afin de soutenir le Monetary Authority Bill de M. Vanderlip a dit de façon très juste :

« Aucun gouvernement ne devrait laisser un tel pouvoir coercitif sur sa propre dette être détenu par un quelconque groupe ou classe à l'image de la Réserve Fédérale, appartenant à des intérêts privés, comme cela est le cas aujourd'hui.

Aucun gouvernement ne devrait déléguer à des intérêts privés le contrôle du pouvoir d'achat du dollar.

Nous devons faire face à ce problème et le régler. La confiance ne sera pas entièrement rétablie tant qu'on n'aura pas mis fin au conflit entre le gouvernement et les intérêts privés pour le contrôle de la monnaie. »

L'effet sur la dette nationale

Lors de l'établissement de réserves de 100% en argent sonnant pour couvrir les dépôts bancaires, la

Commission Monétaire pourrait et devrait, comme nous l'avons déjà remarqué, se concentrer sur l'achat d'obligations d'État. Si elle devait acheter d'autres titres comme des obligations d'entreprise, elle devrait s'en débarrasser progressivement et les remplacer par des obligations d'État, le plus vite possible. En détenant (en la personne de la Commission Monétaire) ses propres obligations, le gouvernement réduirait ainsi sa dette.

A la fin de cette opération, à part si cela est entravé par une catastrophe de l'ampleur de la Guerre Mondiale, la dette du gouvernement aurait probablement entièrement disparu. Cela pourrait avoir lieu sans la moindre *destruction* formelle d'obligations avant leur date d'échéance. En fait, même si toutes les obligations des États-Unis en cours devaient se retrouver entre les mains de la Commission Monétaire, la procédure la plus simple serait de les garder intacts jusqu'à leur échéance. Préserver l'existence physique des obligations pendant leur « vie » permettrait à la Commission Monétaire d'avoir à disposition des titres faciles à vendre à utiliser en cas de menace d'inflation. Pendant ce temps, la Commission Monétaire recevrait des intérêts de la part du Trésor des États-Unis sur ces obligations comme tout détenteur d'obligation, ces intérêts étant ensuite reversés au Trésor des États-Unis. Ou, plutôt, les deux paiements en sens contraire se compenseraient l'un l'autre sur les livres de compte. Cela s'appliquerait aussi bien au principal qu'à l'intérêt.

Après le remboursement de la dette du gouvernement, que se passera-t-il ?

S'il devait un jour arriver que l'ensemble de la dette nationale soit effacée, que se passera-t-il alors ? La Commission Monétaire sera-t-elle obligée, afin de contrer les menaces de déflation en mettant de l'argent supplémentaire de la Commission Monétaire en circulation, d'acheter des obligations d'entreprise privée et d'autres titres et devenir malgré elle le détenteur d'une part toujours plus grande de la richesse privée des États-Unis ? En aucune manière. La façon la plus simple en termes d'uniformité des méthodes et de comptabilité serait pour la Commission Monétaire d'acheter des obligations d'États émises pour l'occasion, avec une annulation mutuelle des intérêts entre le Trésor et la Commission Monétaire.[47]

Grâce à une telle politique, le problème de l'achat de titres non-gouvernementaux par la commission Monétaire ne se posera pas avant de nombreuses années, si ce n'est jamais.

A terme, on peut se permettre d'imaginer que, grâce à une prospérité ininterrompue par de nombreuses dépressions, si ce n'est aucune, les principales recettes du gouvernement proviendraient de la Commission

---

[47] Les obligations pourraient être émises par le biais de la procédure habituelle du Trésor et finir plus tard entre les mains de la Commission Monétaire par le biais de la procédure habituelle de la Commission. Le Trésor recevrait le prix de vente au public en argent préexistant, mais la Commission Monétaire émettrait de l'argent nouveau pour son achat d'obligation au public.

Monétaire simplement en vertu de ses efforts pour combattre la déflation en mettant de l'argent supplémentaire en circulation à mesure que l'économie croît.

Si un tel problème de riche devait survenir, ce que ferait le gouvernement avec ce flux supplémentaire d'argent provenant de la Commission Monétaire n'est pas un problème qui nous concerne vraiment actuellement. Cet argent pourrait, si on le désirait, être utilisé pour réduire l'imposition et à terme, si on a envie d'imaginer une issue si extrême, l'abolition de toutes les impôts fédéraux.

Au-delà de cet état, à supposer qu'il soit jamais atteint, tout surplus pourrait être utilisé, si on le désire, comme un véritable « dividende social », comme le proposent certains auteurs approchant ce sujet d'un angle différent. Ainsi, l'argent serait en effet donné au peuple par le peuple, pour subvenir aux besoins d'une économie croissante et empêcher une chute du niveau des prix qu'une telle croissance provoquerait autrement.

Même si un tel avenir tout en rose puisse ne jamais se concrétiser, il est ici présenté non pas comme une prévision mais pour soutenir deux objectifs :

(1) Pour montrer que le système 100% pourrait fonctionner indéfiniment

(2) Pour montrer qu'il n'est pas dépendant du maintien de l'existence d'une importante dette gouvernementale, et ne nécessiterait aucun changement de procédure ou une quelconque accumulation de titres

privés au sein de la Commission Monétaire.

En un mot, une prospérité continue, libérée des interruptions des booms et des dépressions, se refléterait sur l'état de notre Trésor Public Fédéral, aussi bien que sur les profits des entreprises, y compris des banques. Si, malgré les dépressions, les banques prospèrent aujourd'hui en créant de l'argent (billets de la Réserve Fédérale ou dépôts sur compte chèque) et en l'investissant en obligations, titres de créance, etc., le même type de privilège dans les mains de la Commission Monétaire devrait encore plus faire prospérer le gouvernement en l'absence de dépressions.

En un sens, l'amélioration décrite des finances du gouvernement serait simplement la juste rémunération pour le suprêmement important service gouvernemental de contrôle monétaire, et consistant à fournir à l'économie son unité de mesure la plus essentielle, un dollar stable.

La tache est-elle trop grande ?

Cependant, la tâche supportée par cette nouvelle Court Suprême monétaire que nous proposons est-elle trop lourde ? Pouvons-nous faire confiance en un homme ou un groupe d'homme pour mener à bien une telle mission ?

La réponse la plus convaincante à cette question est : La Suède a stabilisé sa monnaie,[48] pourquoi les États-

---

[48] Voir Kjellstrom, *Managed Money, The Experience of Sweden*, New York, Columbia University Press. Voir aussi Irving Fisher, *Stable Money, a History*

Unis ne le pourraient-ils pas ? En effet, sous la main ferme du gouverneur Strong (lorsqu'il vivait et était capable de persuader ses collègues du système de Réserve Fédérale de coopérer en ce qui concerne les opérations d'Open Market et l'ajustement du taux de réescompte), Le niveau des prix des marchandises en gros fut maintenu bien plus stable qu'il ne le fut jamais auparavant ou ensuite.

Manipulation

Il ne semble pas non plus qu'il y ait la moindre raison de craindre, sous un critère et une méthode prescrites, une quelconque fraude de la part des administrateurs de la stabilisation consistant soit à s'écarter de l'indice officiel des prix, soit à manipuler sa composition. A ma connaissance, il n'y a pas d'exemples justifiant une telle peur dans les cas précédents de stabilisation, que ce soit récemment en Suède sous le Gouverneur Rooth, ou il y a dix ans aux États-Unis sous le Gouverneur Strong, ou encore dans les cas antérieurs où on peut trouver des exemples partiellement analogues à étudier.

Réfléchissant à ce problème il y 15 ans dans *Stabilizing the Dollar* (p. 244-246) je mentionnais un exemple partiellement ressemblant, le seul que j'ai même pu trouver :

« Si nous devions nous attendre à une quelconque manipulation des prix, c'est dans un cas comme celui du

---

of the movement, New York, Adelphi Co., 1934.

prix des Scotch Fiars que nous avons déjà mentionné. Dans ce cas, les loyers étaient déterminés par le prix du blé. Des plaintes déplorant l'injustice de ce système se sont sans doute élevées, mais laisser les loyers non-corrigés était bien plus injuste. J'ai examiné consciencieusement les rapports d'une de ces plaintes dont j'ai trouvé la mention à la bibliothèque de l'Université de Yale.[49] La plainte disait simplement que le jury n'était pas entièrement désintéressé et n'a pas fait entendre assez de témoignage. Le système lui-même n'était pas remis en cause.

Si le système n'était pas satisfaisant, il aurait difficilement perduré pendant plus de deux cents ans.

Nous devons appuyer sur le fait que, même si un léger danger d'abus comme sur les prix des Scotch Fiars existe aujourd'hui, il serait presque entièrement éliminé par le plan ici proposé car dans ce plan, nous nous intéressons aux grands marchés publics dans les grandes villes, avec des classifications de produit hautement standardisées et des cours standardisés pour les prix, et non pas aux petits marchés de campagne, et parce que nous devons nous occuper d'un grand nombre de marchandise et non pas d'une. Il est inconcevable qu'une influence sinistre, afin d'aider les débiteurs ou les créditeurs, puisse manipuler un nombre suffisant de marchandises pour affecter de façon notable l'indice des

---

[49] Dans le « Rapport d'un comité de commissaires pour l'approvisionnement de Lanarkshire, appointé pour enquêter sur la procédure par laquelle le prix du blé était fixé, pour l'année 1816, investigation sur les principes de la procédure et quelques suggestions pour l'améliorer » Edimburgh, 1817, Enregistré sur le Tract 579, Yale University Library.

prix. Même si quelqu'un devait s'accaparer un marché et doubler le prix d'une marchandise, cela n'augmenterait pas le niveau général des prix de 1%. Accomplir un tel exploit est presque inimaginable, tandis que s'accaparer ou contrôler une centaine de marchandise est impensable. De plus, à supposer qu'un tel contrôle des marchandises soit possible, nous sommes aujourd'hui plus à la merci d'une prise de contrôle complet sur l'or que du contrôle d'une centaine de marchandise !

Le même argument s'applique à la peur d'un mauvais report des prix. Tout report *grossièrement* erroné, comme un doublement du vrai chiffre, serait bien sûr hors de question, mais ne serait d'aucune utilité pour le fraudeur. Et si quelqu'un essayait de modifier autant que possible le cours réel de certains prix sans que cela soit détectable (ce qui serait une modification d'un ou deux pourcent), l'indice moyen des prix n'en serait affecté que d'une petite fraction de 1 pour cent, ce qui ne vaudrait également pas la peine. »

Cela n'a scandalisé personne de faire confiance à quelques hommes du Bureau des Etalons pour maintenir toutes les autres unités de valeur légales, bien que d'énormes contrats en dépendent.

L'expérience de la guerre montre bien que des millions de salaires et autres accords dépendaient d'indices officiels, sans que cela ne cause d'incident.

La promulgation en loi du système proposé fournirait une nouvelle protection contre l'inflation et la déflation, retirant aux banquiers et, autant que possible, au Trésor le pouvoir de provoquer une inflation ou une déflation et donnant à une seule autorité centrale le seul pouvoir de réguler la quantité de monnaie grâce à la vente et l'achat d'obligations, se fondant toujours sur une mesure exacte. Cette autorité pourrait être le sujet d'une procédure de destitution en cas de délit au sein de leur fonction. En fait, depuis la publication de la première édition de ce livre, le Banking Act de 1935 a presque fait de l'Open Market Committee une telle autorité centrale.

Enfin, en direction de ceux qui protestent à l'encontre d'une monnaie « contrôlée » et imagine que nous avons encore un système « automatique », on devrait appuyer sur le fait que ce n'est plus le cas depuis longtemps. Notre système comprenait déjà un grand nombre de décisions discrétionnaires avant même le Banking Act de 1935. En fait, il a cessé d'être automatique avec l'établissement progressif du système 10% de dépôt bancaire et l'octroi d'un pouvoir d'émission aux banques centrales dans la plupart des pays, y compris le nôtre. La question aujourd'hui n'est pas de savoir si nous aurons une monnaie automatique (non-contrôlée) ou discrétionnaire (contrôlée). La question est de savoir si nous voulons un contrôle irresponsable ou un contrôle responsable avec un objectif défini de stabilisation. Le défaut principal de la nouvelle loi est l'absence d'un tel objectif.

Le contrôle de « Wall Street »

Il devrait être évident que nous pouvons difficilement nous passer d'un quelconque type de contrôle monétaire.[50] Ainsi, nous devrions porter plus de foi à un contrôle responsable, restreint par la loi à d'étroites limites, qu'à un contrôle irresponsable non restreint et sous lequel nous avons eu des excès dans chaque direction bien plus importants que ce que nous pourrions attendre même d'une administration corrompue. Pourrions-nous imaginer une administration corrompue sous le système 100% augmentant délibérément le niveau des prix des marchandises en gros entre 1896 et 1920 de 47 à 167 et ensuite le baissant jusqu'à 55 en 1933 ? C'est ce qui a été fait sous le système 10%.

Je ne suis pas de ceux qui attribuent des motifs sinistres au monde financier, ou pense que « Wall Street » provoque de façon délibérée les paniques et les crises afin de faire des profits sur la ruine de leur pays.

Le vrai grand problème est que le système actuel est chaotique, une loi de la populace, un pilotage au hasard sans cartes ni compas. Il est certain que tout contrôle avec un objectif défini ferait mieux. De plus, un des effets collatéraux du contrôle serait de préserver « Wall Street » de la mauvaise réputation dont il souffre aujourd'hui à chaque fois que notre système de réserves instables nous mène à de grands bouleversements.

Que la responsabilité des fautes du système 10% en revienne au système lui-même (comme il l'a été

---

[50] Comme nous l'avons précédemment indiqué, si nous devions faire sans un contrôle discrétionnaire, le système 100% (sans Commission Monétaire mais avec une quantité fixe de moyens de paiement) offre de loin la meilleure solution.

soutenu) ou aux banquiers qui font fonctionner ce système (en raison de leur ignorance, de leur indifférence ou même de leur malfaisance), il est certain que nous devons dénoncer la notion que les banquiers, parce qu'ils font des affaires avec de l'argent, aient un quelconque droit de contrôler la monnaie, de créer de toute pièce et de détruire de l'argent et ainsi de baisser ou d'augmenter la valeur de l'unité monétaire de notre nation. Une telle idée est monstrueuse, bien plus monstrueuse que l'idée que les négociants en valeur boursière aient le droit de faire disparaître des actions, ou que les négociants en coton aient le droit de détruire la moitié de la récolte ou qu'une quelconque classe mercantile puisse contrôler la marchandise avec laquelle elle fait affaire. L'étalon monétaire de la nation concerne autant le public que les autres étalons de mesure. Les banquiers ne peuvent pas légitimement, même s'ils le font sans le savoir, avoir le droit de trafiquer le dollar qui est un point de référence pour le commerce, pas plus que l'ancienne ligue hanséatique n'était légitime lorsqu'elle trafiquait les unités de longueur et de poids qu'elle utilisait pour ses échanges.

Pas un remède miracle

Le système 100% ne serait pas un remède miracle aux fluctuations de l'économie bien qu'il aiderait à les réduire. Même si on y incluait la disposition d'une Commission Monétaire, cela ne nous garantirait pas une immunité entière aux banques de prêt et d'épargne contre les ruées et les faillites. Ni les fonds d'investissement, les associations de construction et de prêts, ni les compagnies d'assurance, ni les entreprises commerciales, ni les chemins de fer, ni aucune personne ou entreprise ne bénéficieraient d'une telle immunité contre les faillites à l'exception des banques des dépôts sur compte chèque.

Le système 100% serait encore moins une panacée pour les maux du corps politiques. Il ne règlera pas tous les problèmes d'emploi, les problèmes de monopole, les problèmes de distribution de la richesse, etc. Mais il ferait disparaître ce qui est probablement la source la plus prolifique de faillites, de chômage et de contraction des échanges.

Il est important de noter que le système 100% faciliterait l'étude de tous les autres problèmes, libérés de la complexité du problème monétaire qui aujourd'hui les enveloppent comme dans un brouillard. Ce qui semble maintenant vague et incertain apparaitrait alors clair comme de l'eau de roche. De nombreuses lois douteuses ont été votées à la hâte au congrès, car le public, incapable de différencier correctement ce qui est monétaire de ce qui n'est pas monétaire, attribue de mauvaises causes aux troubles actuels. Ils voient les effets d'un système monétaire en panne mais ne distinguent pas la source du problème. Ils voient des biens non-vendus et pensent qu'il doit y avoir « de la surproduction ». Ainsi, ils craignent que l'on ne « bricole avec la monnaie » et au lieu de cela bricolent tout le reste.

A partir du moment où nous aurons un bon système monétaire, nous pourrons déterminer de façon plus sure ce qui nécessite une réparation. Une vue claire et des diagnostics plus corrects seraient une aide précieuse à tous les efforts pour trouver et appliquer les solutions. Cela inclurait peut-être des protections pour les banques d'épargne, des régulations pour l'émission de titre, une législation sur les services publiques, sur les heures de travail, sur les salaires minimums, sur les syndicats d'entreprise, des solutions pour le chômage technologique aussi bien que pour les innombrables maux et abus, y compris les deux problèmes les plus graves, le grand problème de la distribution des richesses et le problème encore plus grave de la distribution des pouvoirs politiques.

La situation est telle que tout retard pris dans la correction des maux du système 10% est dangereux. En plus du péril de la déflation, nous pourrions bientôt commencer à craindre le péril de l'inflation découlant de notre système 10% de triste mémoire. Avec à peu près 3 milliards d'or « libre » au sein du Trésor des États-Unis et des réserves excédentaires des banques membres de presque 2 milliards en dépôt chez les Federal Reserve Banks, plus une émission potentielle supposée de 3 milliards de billet de la Réserve Fédérale et à peu près 2 milliards de certificats argent, sans parler des achats croissants d'or et d'argent, nous pourrions avoir en théorie, une inflation *potentielle* des crédits bancaires de plusieurs milliards.

Le système capitaliste

Il y a eu beaucoup de questions durant la dépression autour de l'échec du système capitaliste. Un mouvement «vers la gauche» vient toujours avec la déflation. Il s'est exprimé sous la bannière du « populisme » durant la déflation finissant en 1896 et la campagne de Bryan. Mais le populisme s'est évaporé dès que le niveau des prix commença à être rétabli. Au milieu du siècle dernier, un mouvement socialiste apparut avec la chute des prix et disparut avec la découverte chanceuse et le déversement de nouvelles mines d'or en Californie et en Australie. Marx et Engels durant cette période identifièrent cette relation bien mieux que les banquiers et reconnurent en particulier que leur propagande avait perdu de sa force à ce moment à cause de la découverte d'or.

En fait, une unité monétaire instable nourrit le radicalisme, que le mouvement soit à la hausse ou à la baisse, deflation ou inflation, s'il est assez puissant. Les français avaient un aphorisme pour cela « après la planche à billet, la guillotine ».

Le système capitaliste est en réalité un système de profit privé et les profits représentent une différence entre les revenus bruts et les coûts bruts, y compris les charges fixes associées aux dettes. Sans une unité monétaire stable pour mesurer ces éléments, les profits grossissent et se réduisent et deviennent des pertes sans raison apparente. En un mot, le système de profit privé nécessite une monnaie stable fonctionnant sans-à-coup.

Je suis convaincu que sans une monnaie stable, le système de profit privé disparaitrait un jour. Cela signifie que les banquiers, tant qu'ils continueront à insister de travailler ou qu'ils auront la permission de travailler sous leur système 10%, seront en train de jouer avec le feu. La meilleure protection contre un renversement du capitalisme est le système 100%, combiné à un contrôle de la monnaie, pour nous donner un dollar stable. Les banquiers devraient ainsi être les premiers à défendre cette proposition ne serait-ce que pour défendre leurs propres intérêts. Sinon, l'ironie du sort serait que ce puisse être eux qui renversent le capitalisme.

C'est ici que réside la portée su système 100% pour le gouvernement. Si notre système de gouvernement doit rester américain, c'est-à-dire de continuer à laisser libre court aux profits privés à l'entreprise individuelle, et ne pas être remplacé par un État socialiste, nous devons avoir un dollar stable, et c'est ce que nous procurerait le système 100%, spécialement s'il est combiné avec un contrôle monétaire.

Stabiliser le dollar sous le plan 100% n'est ni socialiste en lui-même, ni ne tend vers le socialisme. Nous ferions simplement avec le dollar ce qui a déjà été fait pour le yard, le boisseau, et d'autres unités utilisées dans le commerce, comme cela est écrit dans notre constitution depuis un siècle et demi. Les affaires, l'industrie, l'agriculture, l'activité bancaire ont besoin d'unités de mesure stables et personne mis à part le gouvernement ne peut les leur fournir.

Une monnaie stable permettrait au capitalisme de bien mieux fonctionner que jusqu'à présent. Ainsi, toute modification nécessaire au capitalisme dans le futur sera de bien moindre importance que toutes celles qui le menacent tant que la question monétaire n'est pas résolue. Aujourd'hui, notre système monétaire est en panne, principalement parce qu'il a été rendu impraticable sous la loi de la populace de vingt mille émetteurs de monnaie privés.

Remodeler notre système monétaire, réinjecter la

monnaie manquante et ensuite la maintenir à un point de référence stable est le service le plus précieux que puisse rendre le gouvernement à l'économie, ainsi que le plus légitime. Ce n'est pas seulement justifiable, c'est indispensable.

Table des matières

100% Monnaie

www.ingramcontent.com/pod-product-compliance
Lightning Source LLC
Chambersburg PA
CBHW071632200326
41519CB00012BA/2261